| 台湾研究系列 |

日据时期台湾史研究丛书

与祖国同生

——台湾同胞在大陆的抗战足迹

陈小冲　编著

九州出版社
JIUZHOUPRESS
全国百佳图书出版单位

图书在版编目（CIP）数据

与祖国同生：台湾同胞在大陆的抗战足迹 / 陈小冲编著. —北京：九州出版社，2013. 6

ISBN 978-7-5108-2180-6

Ⅰ. ①与… Ⅱ. ①陈… Ⅲ. ①抗日战争-史料-中国 Ⅳ. ①K265. 06

中国版本图书馆 CIP 数据核字（2013）第 130382 号

与祖国同生——台湾同胞在大陆的抗战足迹

作　　者	陈小冲　编著
出版发行	九州出版社
出 版 人	黄宪华
地　　址	北京市西城区阜外大街甲 35 号（100037）
发行电话	（010）68992190/2/3/5/6
网　　址	www. jiuzhoupress. com
电子信箱	jiuzhou@ jiuzhoupress. com
印　　刷	北京京华虎彩印刷有限公司
开　　本	720 毫米×1000 毫米　16 开
印　　张	15. 25
字　　数	173 千字
版　　次	2013 年 6 月第 1 版
印　　次	2013 年 6 月第 1 次印刷
书　　号	ISBN 978-7-5108-2180-6
定　　价	46. 00 元

目　录

第一章

台湾义勇队

1939 年春，台湾义勇队在浙江金华成立，领导人为台湾爱国将领李友邦。这是唯一一支活跃在第一线的由台湾人组成的抗日武装，在“保卫祖国，收复台湾”的口号下，他们以自己的实际行动为祖国的抗日战争和台湾光复作出了突出的贡献。

1895 年清政府在中日甲午战争中战败，被迫签订了丧权辱国的不平等条约——《马关条约》，将台湾及澎湖列岛割让给了日本，台湾从此沦为日本殖民地长达半个世纪。日据时期，尽管殖民地当局实施“拿台湾拉开中国而与日本相结合”的政策，企图切断台湾与大陆的联系，但两岸人员往来依旧延续。这个时期来到大陆的台湾民众，大致分为两大类型：其一，少数为虎作伥的台籍浪人，被日本帝国主义利用来离间两岸民众感情，借以扩张在华势力；其二，绝大多数台湾同胞则是沿袭两岸的历史联系及同胞间血脉情感，来到祖国，或作为学生在大陆各学校学习，或从事医生、会社职员等职业，他们当中部分人还组织抗日团体，与祖国同胞一起开展抗日爱国斗争。1937 年七七事变爆发后，由于在大陆的台胞日本籍的身份，国民政府为防万一，将福建沿海的台湾人迁徙到闽北的崇安县，设台民垦殖所集中安置。

1938 年底，台湾革命志士李友邦向福建省政府提出选拔滞留福建的台湾同胞中的优秀分子组建台湾义勇队，参加祖国抗战。这一设想获得了当时福建省政府及国民政府的支持，于是在崇安台民垦殖所中挑选了一批志愿参加抗日战争的台湾同胞，开赴浙江金华，于 1939 年 2 月 22 日正式组建台湾义勇队，其下另设由台湾小朋友组成的台湾少年团，这是八年抗战时期唯一的一支由台湾同胞组成的、在一线参与抗战的队伍，充分体现了在中华民族的危难时刻，台湾同胞与祖国同呼吸、共命运的血脉之情。

抗战时期台湾义勇队的工作主要体现为以下四个方面——“对敌政治”、“医务诊疗”、“宣慰军民”和“生产报国”。1. “对敌政治”，就是利用台湾人熟谙日语的优势，开展对敌广播宣传、前线阵地对敌喊话、协助一线军事单位审讯俘虏等。2. “医务诊疗”则是由于参加义勇队的台胞，有不少是医生出身，他们的职业特长正好十分适合战争前线的需要，于是他们在金华、衢州等地设立了台湾医院，在服务军队的同时，还为当地民众治病，深受军民的欢迎。3. “宣慰军民”则主要发挥台湾少年团的作用，以街头宣传、慰问演出、张贴标语、巡回演讲等丰富多彩的方式，深入民众中间，鼓舞军民抗日士气，同时宣传台湾人与祖国一道同仇敌忾奋起抗击日本帝国主义。4. “生产报国”针对的是战时物质匮乏的形势，以这些台湾人较具优势的产业知识，生产前线急需的物资，譬如医药用品、樟脑油等。

当然，除台湾少年团外，台湾义勇队自身也开展了广泛的抗日舆论宣传活动，其领导人李友邦在抗日大后方四处发表讲话，在重要报刊杂志刊载文章，支持祖国抗战，呼吁重视台湾与台湾人，要求收复祖国领土台湾。台湾义勇队并先后创办了《台湾先锋》和《台湾青年》杂志，出版台湾问题研究专刊，宣传台湾与祖国大陆的历史渊源关系，介绍台胞在日本殖民统治下的困苦境遇，回顾台湾同胞数十年来的抗日斗争事迹，剖析台湾在日本帝国主义南进政策中的地位，等等。他们提出鲜明的抗日复台方针，认为从当时的特殊历史条件出发，台湾要首先从日本殖民统治下独立，然后归返祖国，这就是当时著名的台湾回归二阶段论。“保卫祖国、收复台湾”是台湾义勇队提出的响亮口号，他们的抗日斗争获得了祖国各地军民的广泛好评。在浙江、江西，人们说道：“连台湾人都这么坚持抗战，我们能不加紧努力吗?”面对经费紧张、抗战局势艰难困苦的条件，台湾义勇队以其不屈不挠的毅力和坚持，成为台湾同胞参加祖国抗战、要求台湾回归的一面旗帜。

李友邦与台湾义勇队图片

李友邦（1906—1952），原名李肇基，祖籍福建厦门同安，出生于台湾台北芦洲。1918 年考入台湾总督府台北师范专科学校，后因反日言行遭当局通缉，潜逃大陆，入黄埔军校二期，成立台湾独立革命党，自任主席。因思想倾向左翼，于 1932 年被捕，西安事变后释放。1937 年七七事变爆发后，集结福建台胞于 1939 年 2 月在浙江金华组织抗日队伍——台湾义勇队暨台湾少年团，授少将军衔，后升为中将。抗战胜利后，于 1945 年 12 月率部返台，1946 年台湾义勇队被当局强制解散。1947 年“二二八事件”中被控“通共”及“煽动动乱”入狱，经其妻严秀峰解救获释。1952 年再因“匪谍案”被捕，惨遭杀害。

戎装之李友邦将军

载《良友画报》1939年第148期。原图文字说明：台湾独立革命党主席李友邦氏在浙东金华革命党总部前所摄

李友邦、严秀峰伉俪

1946 年李友邦、严秀峰夫妇与长女李效群合影

李友邦、严秀峰夫妇与子女（长女李效群、长子李炜群、次子李力群）1946年于台湾合影

1933年李友邦妻子严秀峰少女时期像

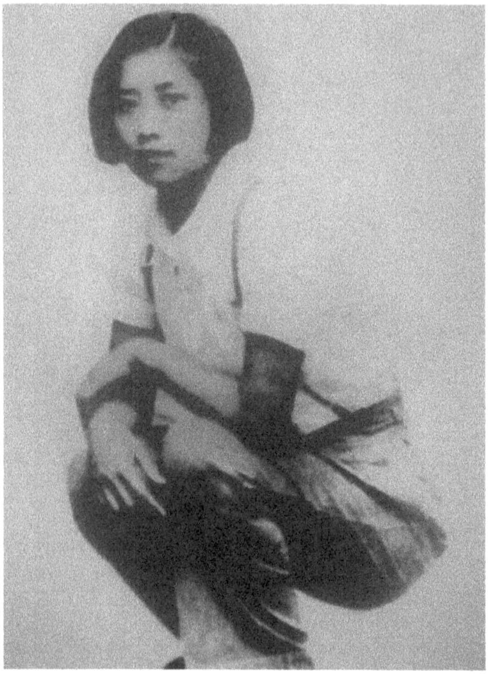

严秀峰 1939 年运动会后留影

抗战时期严秀峰之戎装英姿

抗战时期福建台胞多被集中于闽北崇安县，图为集中地——崇安文庙

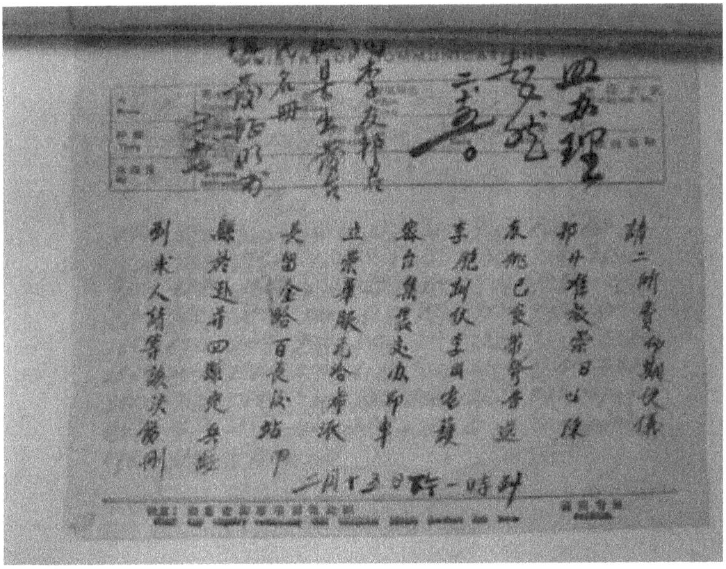

1939 年 2—3 月，集中于福建崇安之一部分台湾人由李友邦率领分批前往浙江金华，组建台湾义勇队暨台湾少年团。图为福建省主席陈仪批准台湾人参加台湾义勇队的电报

李友邦在福建厦门南普陀寺后山岩石上题刻的“复疆”二字，庆祝祖国宝岛台湾光复

浙江金华台湾义勇队旧址

浙江金华台湾义勇队纪念馆

李友邦纪念馆——台北芦洲李氏宗祠

1939 年 2 月 22 日台湾义勇队暨台湾少年团成立合影

载《良友画报》1939 年第 148 期。原图文字说明：台湾义勇队医务组由长于医学人员的朝鲜志士所组成，在浙东金华设立门诊部，免费为民众治疗，并时派小组人员往四郊乡间为农民们诊病

操练中的台湾义勇队队员

台湾义勇队利用队内医师较多的优势，开设台湾医院，为前线官兵及民众服务

社会各界向台湾义勇队台湾医院致谢

1945 年 10 月 25 日台湾义勇队与厦门各界为庆祝台湾光复，于厦门中山公园集会

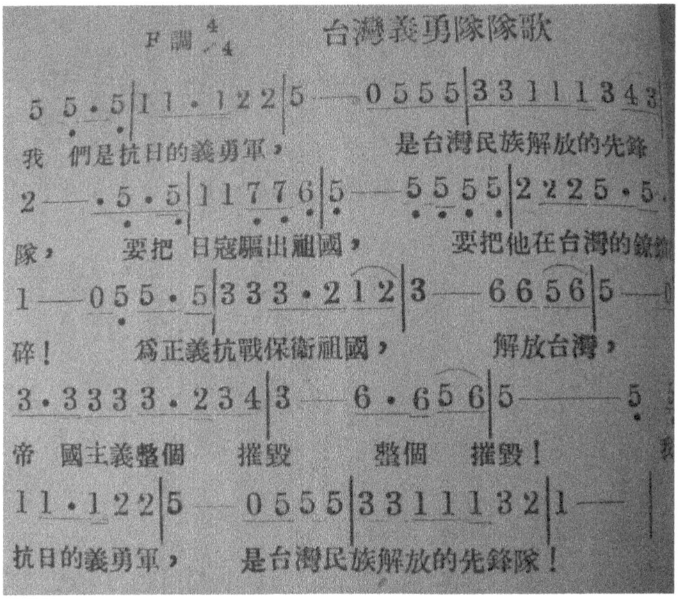

《台湾义勇队队歌》，载《东南战线》第1卷第4期（1939年3月5日浙江金华出版）

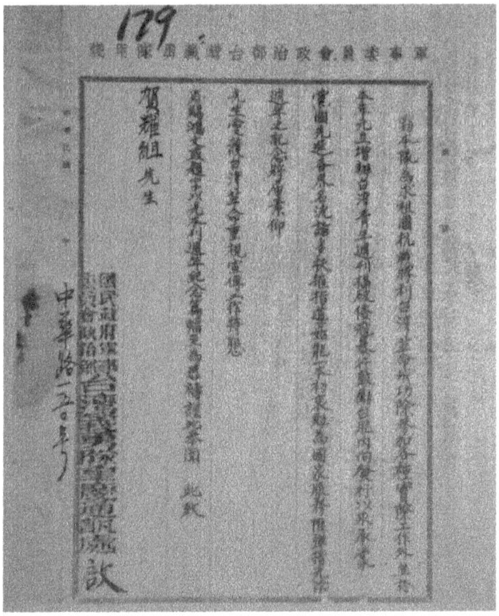
軍事委員會政治部台灣義勇隊用箋

賀耀組 先生

1943年12月台湾义勇队重庆通信处致函贺耀组请为《台湾青年》周刊赐文或题字（一），原档存重庆市档案馆

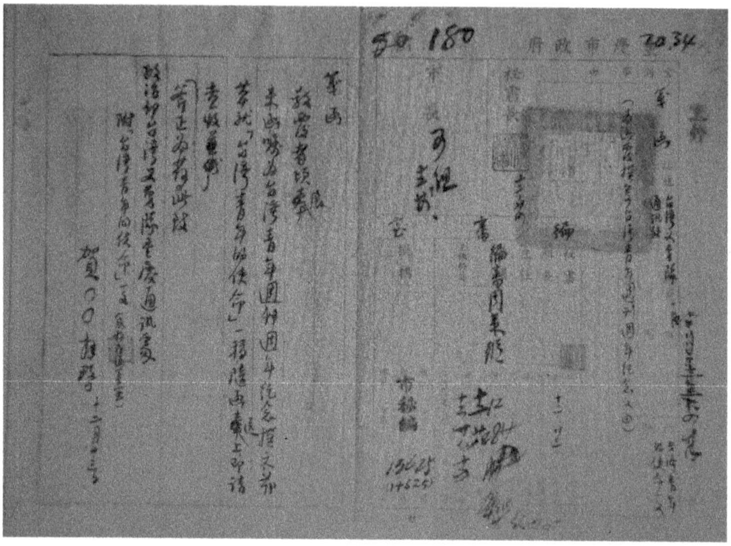

1943 年 12 月台湾义勇队重庆通信处致函贺耀组请为《台湾青年》周刊赐文或题字（二），原档存重庆市档案馆

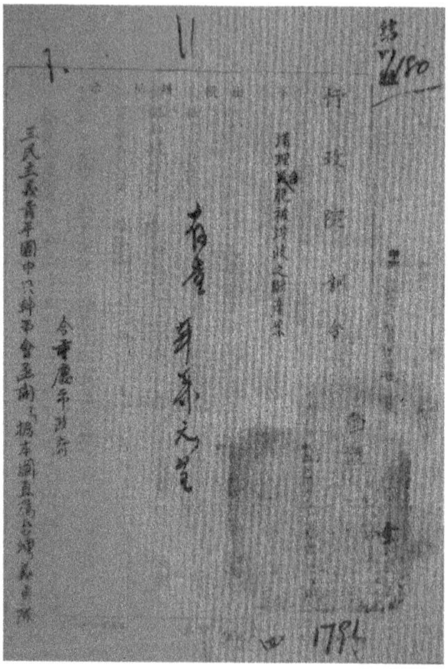

1946 年台湾义勇队呈文请求清理台胞被没收之财产（一），原档存重庆市档案馆

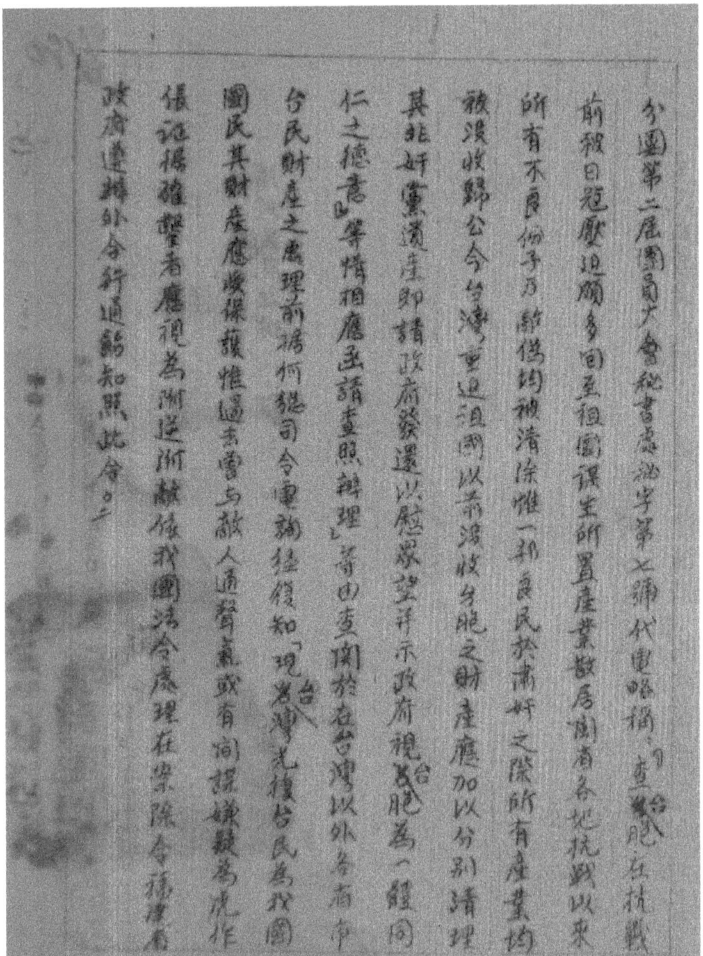

分團第二屆團員大會秘書處祕字第七號代電略稱，「查台胞在抗戰
前被日寇壓迫頗多回至祖國謀生所置產業散居淪陷各地抗戰以來
所有不良份子乃敵偽均被清除惟一部良民於肅奸之際所有產業均
被沒收歸公今台灣重返祖國以前沒收台胞之財產應加以分別清理
其非奸黨遺產即請政府發還以慰眾望并示政府視台胞為一體同
仁之德意」等情相應函請查照辦理」等由查關於在台灣以外各省市
台民財產之處理前據何總司令電請經復知「現台灣光復台民為我國
國民其財產應予保護惟過去曾與敵人通謀或有間諜嫌疑為虎作
倀證據確鑿者應視為漢逆漢奸依我國法令處理在案除令[illegible]
政府遵辦外合行通飭知照此令」

1946 年台湾义勇队呈文请求清理台胞被没收之财产（二），原档存重庆市档案馆

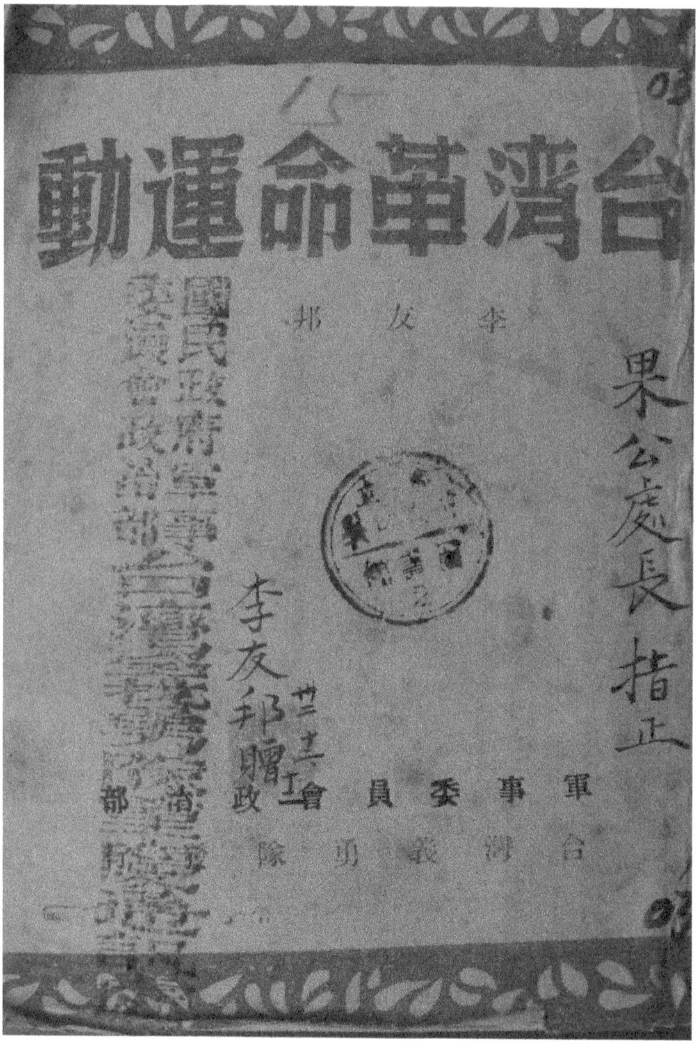

1943 年 12 月 12 日李友邦亲笔签名的《台湾革命运动》一书，原件存重庆市图书馆

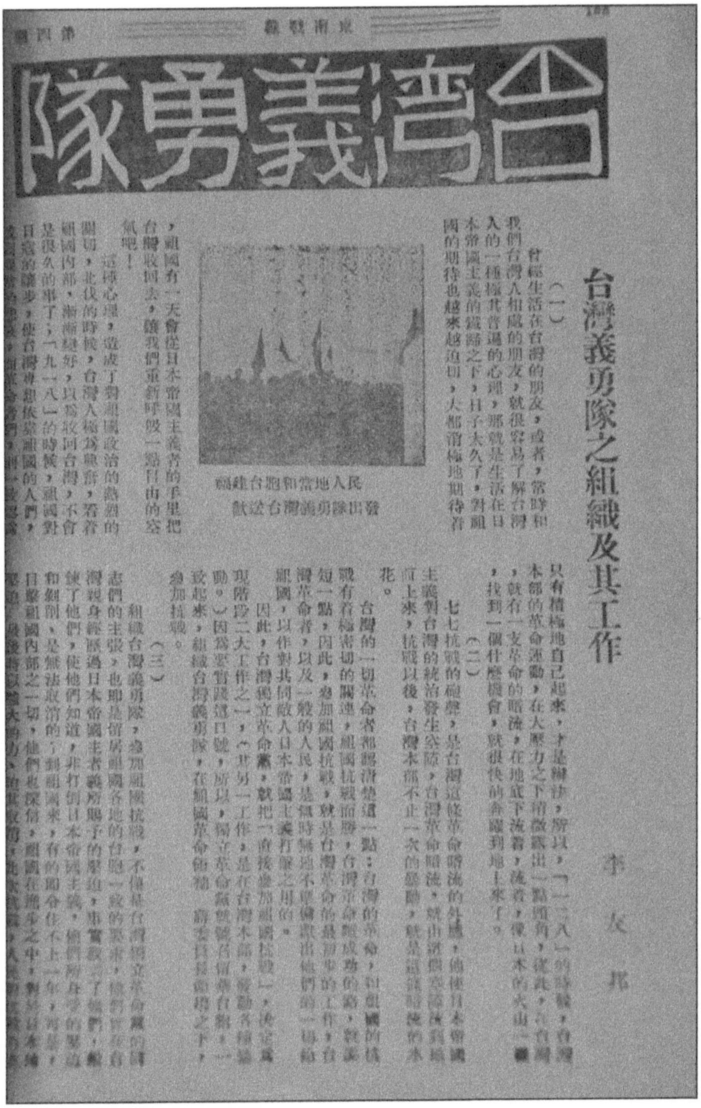

東南戰線　第四期

台灣義勇隊

台灣義勇隊之組織及其工作

李友邦

（一）

曾經生活在台灣的朋友，或者，常時和我們台灣人相處的朋友，就很容易了解台灣人的一種極其普遍的心理，那就是生活在日本帝國主義的鐵蹄之下，日子太久了，對祖國的期待也越來越迫切，大都消極地期待着，祖國有一天會從日本帝國主義者的手里把台灣收回去，讓我們重新呼吸一點自由的空氣吧！

這種心理，造成了對祖國政治的熱烈的關切，北伐的時候，台灣人極為興奮，看着祖國內部，漸漸變好，以為救回台灣，不會是很久的事了；「九一八」的時候，祖國對日寇的讓步，使台灣專想依靠祖國的人們，[illegible]只有積極地自己起來，才是辦法，所以，「一二八」的時候，台灣本部的革命運動，在大壓力之下稍微露出一點頭角，從此，在台灣，就有一支革命的暗流，在地底下流着，流着，像日本的火山一樣，找到一個什麼機會，就很快的奔躍到地上來了。

籍台胞和當地人民歡送台灣義勇隊出發

（二）

七七抗戰的砲聲，是台灣這條革命暗流的外緣，倘使日本帝國主義對台灣的統治發生空隙，台灣革命暗流，就由[illegible]而上來，抗戰以後，台灣本部不止一次的暴動，就是這[illegible]的水花。

台灣的一切革命者都明白清楚這一點：台灣的革命，和祖國的抗戰有着極密切的關連，祖國抗戰而勝，台灣革命纔成功的路，就要短一點，因此，參加祖國抗戰，就是台灣革命的最[illegible]的工作，台灣革命者，以及一般的人民，是[illegible]祖國，以作對共同敵人日本帝國主義打擊之用的。

因此，台灣獨立革命黨，就把「直接參加祖國抗戰」，決定為現階段二大工作之一，（其另一工作，是在台灣本部，發動各種暴動。）因為要實踐這口號，所以，獨立革命黨號召留華台胞，一致起來，組織台灣義勇隊，在祖國革命領袖　蔣委員長領導之下，參加抗戰。

（三）

組織台灣義勇隊，參加祖國抗戰，不僅是台灣獨立革命黨的同志們的主張，也即是留居祖國各地的台胞一致的要求，他們曾在台灣親身經歷過日本帝國主義所賜予的壓迫，事實教育了他們，使了他們，使他們知道，非打倒日本帝國主義，他們所身受的壓迫和剝削，是無法取消的；到祖國來，有的[illegible]不上一年，有的[illegible]目擊祖國內部之一切，他們也深信，祖國在[illegible]之中，[illegible]

李友邦发表《台湾义勇队之组织及其工作》，载《东南战线》第1卷第4期

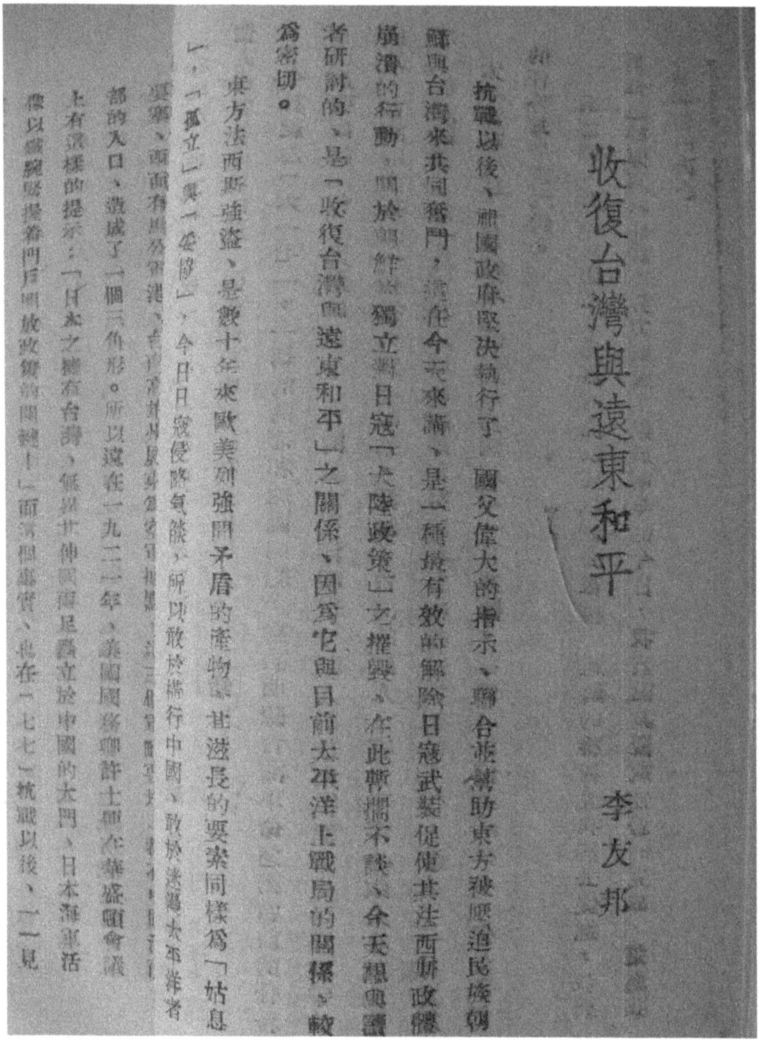

收復台灣與遠東和平

李友邦

抗戰以後，祖國政府堅決執行了國父偉大的指示，聯合並幫助東方被壓迫民族朝鮮與台灣來共同奮鬥，這在今天來講，是一種最有效的解除日寇武裝促使其法西斯政權崩潰的行動，關於朝鮮的獨立對日寇「大陸政策」之摧毀，在此暫擱不談，今天想與讀者研討的，是「收復台灣與遠東和平」之關係，因為它與目前太平洋上戰局的關係，較為密切。

東方法西斯強盜，是數十年來歐美列強間矛盾的產物，其滋長的要素同樣為「姑息」，「孤立」與「妥協」，今日日寇侵略氣燄，所以敢於橫行中國，敢於逞霸太平洋者 [illegible] 要塞，[illegible] 部的入口，造成了一個三角形。所以遠在一九二一年，美國國務卿許士在華盛頓會議上有這樣的提示：「日本之據有台灣，[illegible] 矗立於中國的大門，日本海軍活 [illegible] 門戶開放政策的關鍵 [illegible]」而這個事實，已在「七七」抗戰以後，一一見

李友邦发表《收复台湾与远东和平》，载台湾革命同盟会主编《台湾问题言论集》（第一集），国际问题研究所出版，1943 年 10 月 10 日

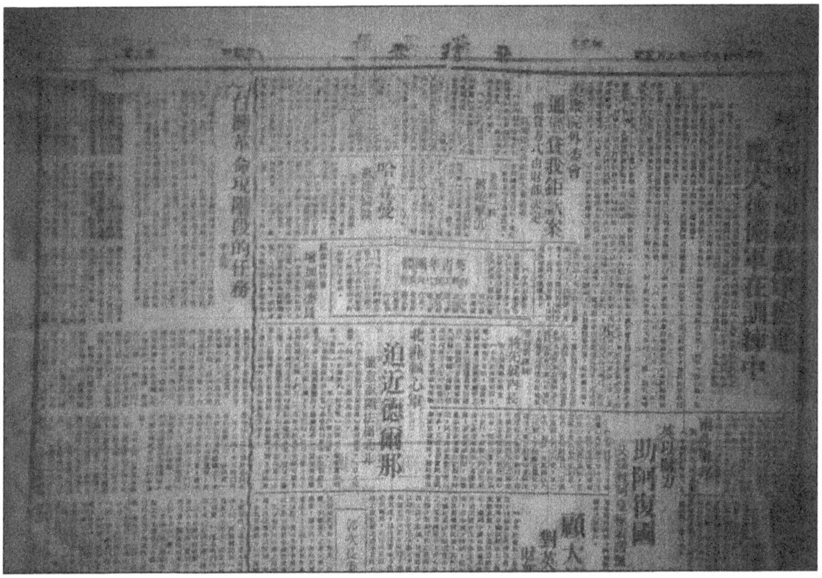
台灣革命現階段的任務

迫近德爾那

李友邦发表《台湾革命现阶段的任务》一文，载重庆《新蜀报》1942年2月5日

台志士怒火
炸燬敵寇司令部

寇前年在越
截刧我書籍

李鐵錚公使

各报转载中央社电，报道台湾义勇队在厦门袭击日军。此为重庆《新民报》1942年6月22日报道

台籍民醫
往閩熱心服務

寇將施騙術
放棄對華兇暴政策
除非傻子才會上當

重庆《新民报》报道台湾义勇队医生深入乡间为民众服务

＊资料＊

台湾独立革命党党章

（民国廿七年九月修正）

第一章　总　纲

第一条　宗旨

本党宗旨为团结台湾民族，驱除日本帝国主义在台湾一切势力；在国家关系上，脱离其统治，而返归祖国，以共同建立三民主义之新国家。

第二条　名称

本党定名为“台湾独立革命党”。

第二章　党　员

第三条　本党员分下列二种

一、普通党员：凡承认本党党章，并能服从本党一切议决案之台湾人，皆得为本党普通党员。

二、特别党员：他国人士，凡愿为台湾独立革命而奋斗，承认本党党章，并能服从本党一切议决案者，皆得为本党特别党员。

第四条　入党手续

一、普通党员入党时，须有本党党员二人之介绍，并经支部党员大会之通过，与上级组织之批准。

二、特别党员入党时，须有本党党员三人之介绍，由支部会员大会通过，并经本党中央批准。

三、本党少年团团员入党时，由少年团工作指导委员会之介绍，但仍须经支部通过，及上级组织之批准。

第五条 党员开除之手续

一、凡对违反党章，不服从本党议决案，或有其他叛党言行之党员，开除时，必须由支部会员大会通过，并得上级组织之批准。

二、此项开除手续均适用于普通党员与特别党员。

第三章 组 织

第六条 组织原则：本党组织原则，为“民主集中制”，所谓民主集中者，包括下述四事：

一、各级组织负责人，皆由党员大会、各级代表大会等直接选举罢免。

二、各级组织负责人，向其选举者负责经常作定期之工作报告。

三、下级应服从上级之命令。

四、本党党员，对本党党纲，以及上级组织之各项议决，如觉不当，皆有自由批评建议之权。但此种行为，只限于未经相当组织正式通过之前为之。如一经通过，应无条件接受，并执行之。

第七条 组织系统

一、本党组织分：支部、郡委员会、州厅地方委员会，及中央委员会等四级。

二、本党组织细胞为支部，该地党员三人以上，即得成立支部，选一人为支部书记，执行该支部一切事宜；如人数不上三人者，得并入邻近之支部。

三、一郡之内有支部达三个者，即可成立郡委员会，由该郡境内支部代表大会选举委员会委员，呈由高级组织批准。

四、一州或一厅之内，郡委员会达三个以上时即可成立州或厅地方委员会，由该州或厅内之郡代表大会选举委员，呈由中央批准。

五、本党中央委员会委员由州厅代表大会选举之。

六、支部设书记一人，郡委员会设委员五人至七人，中推一人为委员会书记长。州或厅委员会设委员七人至九人，中互推一人为委员会书记长，一人为委员会秘书。中央委员会设中央委员九人至十一人，互推一人为本党总书记，总揽本党一切事宜，下设组织、宣传二部。各设部主任正副各一人，由中央委员互推兼任。中央委员会秘书亦由中央委员互推一人担任。中央委员会下，得设各种特种委员会。

第四章　会　议

第八条　支部会议每周开会一次，由支部书记召集，并主席之。如遇必要时，得由书记召集临时集体会议。支部会议（临时会议同）执行下列各项工作：

一、讨论及分配该支部所辖范围内之党的工作。

二、执行上级组织之指示。

三、选举支部代表会议之代表。

第九条　支部代表会议，由各支部之代表组织之，由郡委员会召集，代表会主席临时由代表中推一人充任。此项会议，每半年开会一次，其工作如次：

一、选举并罢免郡委员会委员。

二、选举并罢免郡代表大会之代表。

三、听取郡委员会之工作报告。

四、审核郡委员会之经费收支。

第十条 郡委员会由支部代表大会选举委员组织之。会议由委员会书记长召集并主席之。每两周开会一次；如遇必要时得召集临时会议。郡委员会（临时会议）之任务如下：

一、讨论及支配该郡内之一切党务。

二、批准郡内各支部之工作报告及工作计划。

三、执行上级组织之指示。

第十一条 郡代表大会由一州或厅内各郡所选出之代表组织之。每一年开会一次，由州或厅地方委员会召集之。大会主席临时由代表中担任。大会任务如次：

一、选举并罢免州厅地方委员会委员。

二、选举并罢免州厅代表大会之代表。

三、听取州厅委员会之工作报告。

四、审核州厅委员会之经费收支。

第十二条 州或厅地方委员会由该州或厅内各郡所选出之委员组织之。每月开会一次，由委员会书记召集并主席。遇必要时得召集临时会议。委员会（临时委员会同）之任务如下：

一、讨论支配该州或厅内一切党务。

二、执行中央之命令。

三、批准该州或厅内各郡委员会之工作与工作计划。

四、决定郡代表大会之选举率，但须由中央批准。

第十三条　州或厅代表大会由郡代表大会选举之代表组织之。每二年开会一次，由中央委员会召集。开会时临时由大会选举主席团（三人至五人）主席之。大会之任务如次：

一、选举并罢免中央委员会委员。

二、听取中央委员会之工作报告。

三、审核中央委员会之经费收支。

四、决定本党策略。

五、修改本党党章。

第十四条　中央委员会由州厅代表大会所选出之中央委员组织之。开会时由总书记召集并主席。每半月开会一次，遇必要时得召集临时会议。委员会之任务如次：

一、计划并指挥本党全党工作。

二、批准各地方委员会之工作报告及工作计划。

三、决定州或厅代表大会之选举率。

第五章　特别组织

第十五条　因有特别需要，本党有下列之特别之组织：

一、海外总部，直接隶属中央。负责指挥中国、日本及其他各地党务。总部委员会设委员五人。由中央委员会中推三人，并由州厅代表大会选举二人组织之。委员会中设主席一人，下分宣传、组织二部。各部设主任一人。

二、基隆特别党部，台北特别党部，高雄特别党部直隶中央。特别党部之书记长由中央委员兼任。其他略同州委员会，其详细规定由中央委员会临时决定之。

三、少年团。少年团有少年团工作指导委员会组织并指导其工作。委员会为中央特种委员会之一。

第六章　经　费

第十六条　本党经费来源如下：

一、党费，本党党员所缴党费，视其收入而定。月在五十元以上者，应缴十分之一。在二十元以上者缴二十分之一。不上二十元者缴五十分之一。后者如不能缴纳时，得相当组织之批准，可免缴。

二、募捐。

第七章　附　则

第十七条　本党章由州厅代表大会通过，如有未尽善处，亦由州厅代表大会修改。

台湾独立革命党行动纲领

一、抗拒缴纳赋税。

二、反对抽征壮丁来华作战和开垦。

三、已被诱迫来华的同胞组织哗变。

四、破坏台湾生产和交通。

五、扩大阿里山的反日游击队。

六、组织义勇队来华参加抗战。

七、发动台湾罢工罢市罢课运动。

八、扩大反战反法西斯宣传。

九、组织日韩台反法西斯大同盟。

十、统一台湾革命组织。

（《台湾先锋》1940 年第 1 期）

我们的祖国

李友邦

台湾割后，迄于今日，已四十余年。虽日寇竭死力以奴化，务使台人忘其祖国以永久奴役于日人，然台人眷念祖国之情，实与日俱增，时间愈久，其情弥殷，固未尝一日忘之也。

此种眷念之情，其隐藏于台人心中者，至且厚深，惟以日寇不许台人提及中国，故不闻诸大雅之堂，而实存于广众之间。犹忆孩提之时，曾以“失言”被掌，其日，因与一日童互谑被侮，乃愤而言曰：“如在中国，君我当异于是”！一日籍教师闻，趋前掌吾额，令闭口，此予之所以终此身从事革命之一细因也。今日思之，往事犹在目前，而年事已长，大志未酬，未尝无愧疚之感。流转于民众口头者，固无论矣，而在日寇残酷压迫之下，见诸文字者，亦不在少，此实令人兴奋之事。台人之于日本，无不异族视之，其于中国，均称吾国，血溶于水，信不诬也。割台后数年之间，暴动事件领导者之以返归祖国号召，固不必说，即数十年后，革命者亦莫不以此为依归，尤以国民革命而后，更为殷切。一九一二罗福星大革命时，曾发表宣言，中有云：

“我中华民国人民，再渡台者，备受日政府虐待，何堪言状，我华民常受日警殴打、暗杀，或泣诉于日本政府，日官且曰：此殖民法律之制度；但此法律，不适用于英美德之在台者，独适用于支那人……”。

又有云：“我华民之在台者，被日警毒杀不遑枚举……”。

又有云："如上所述，日本政府虐政，我中华民国人民闻，莫不愤慨……"。

又有云："中华民国元年十月十六日，我福建都督，命率十二志士，来台视察……"。

由上所引述，均可见一九一二时之革命者，仍声声以中国为已国，日人数十年的苦心教育，实未发生若何效力也。

一九一五时，复有余清芳所领导之革命，亦有文件发表，曰《谕告文》。虽其辞句不无封建思想，殊不足取，然其于中国之感情则一，其中有曰：

"……古今中华祖国，四夷臣卿，边界来朝，年年进贡……"。

又有曰：

"岂意日本小邦……不遵王朝，藐视中原……可惜中原大国，变为夷狄之邦！……今我中国南陵，天生明圣之君……我朝大明，国运新兴，本帅奉天，举义讨贼……"。

文中虽多莫名其妙，不知何指之句，然其革命必须以中国为号召，则可一读而知。盖全岛人民愿望如此，不得不然也。

迨至一九二五，十年以来，未尝有丝毫之变，是年，有"台湾新青年社"成立，曾有《台湾新青年》之出版，其宣言有曰：

"……我们自救的方法，若要救台湾，非先从就祖国（中国）着手不可；欲致力于台湾革命运动，必先致力于中国革命之成功，待中国强大时，台湾才有恢复之日；待中国有势力时，台湾人才能脱离日本强盗的束缚……"。

《台湾民报》发刊时，其《创刊词》中亦有曰：

"我们汉民族，移住于台湾，已经过了三百年了……"。

由是以知，日人之奴化台湾，虽竭尽全力，亦无法使台人忘记中国，七七抗战既起，台湾义勇队成立，亦即本此旨而发扬光大，台湾独立革命党，曾以“争取独立返归祖国”为其斗争目标，我台湾同胞，无论其为本党党员或非本党党员，于此种正确之号召，亦莫不望风景从，良有以也。

今兹吾人所盼者，其于台湾同胞，则须努力以从事本身革命工作外，宜尽可能以协助祖国抗战，谋取最后胜利，其于祖国同胞，则应乘此时机，以最大之努力，援助台湾革命，使此别来四十余年之兄弟，能复共聚于一堂，同心协力，建立三民主义之新中国，享和平之福于久远。

（《台湾先锋》1940 年第 4 期）

台湾要独立也要归返祖国

李友邦

首先，我们应知道，台湾曾是中国之一省，台湾五百多万人，除掉二十万的生番而外，都是从福建、广东过去的中国人；但是，我们也应知道，一八九五年满清曾正式地在大压力之下，不得已把台湾割让给日本帝国主义了。

这样的事实，决定了台湾革命目的的两面性，就是，一方面，他要求独立；同时，另一方面，他要求返归祖国。

要求独立和要求返归祖国不是冲突的吗？是不冲突的。

什么是台湾的独立呢？台湾的独立，是在国家关系上，脱离外族（日本）的统治，是对现在正统治着台湾的统治者而言。作为被压迫于日本帝国主义者之下的台湾民族，他是要对其统治者斗争，以争取能够自己处理自己，自己决定自己的前途的权利，被锁紧地压迫在日本帝国主义的铁蹄下的台湾民众，迫切地需要的是这个。

但“回唐山去啊?”从前是，现在也还是台湾五百万民众的口头禅。“唐山”指的就是中国，要归回中国的热情，除了少数丧心病狂的作日本帝国主义的走狗的败类而外，这已成为一般台湾民众的要求，所以台湾要归返中国。

因此，在对日本的关系上，台湾和朝鲜完全一样；在对中国的关系上，台湾和朝鲜又稍有不同。同时在对日本的关系上，台湾与祖国内部的任何一省都不同；在对祖国政府的关系上，又都彼此有异；这样的事实造成了台湾革命的复杂性，他第一，必须以台湾作为日本帝国主义的殖民地而向他争取独立；第二，他又须以台湾作为中国之一部分，而且适应着全民的要求要归返祖国。

所以这两个目的，是同时为台湾革命所具有，他不能缺掉第一个，因为《马关条约》以后，祖国政府已不得不把台湾认为日本所有，所以台湾革命已不得不成为台湾五百万民众自己的事，而祖国政府不能是主动的，除非他提出“收复台湾”的口号。既然由台湾五百万民众方面出发，所以他首先必须作争取独立的斗争。同时又不能缺掉第二个。在前清割让台湾的时候，台湾五百万民众不得不由中国的政治机构脱离而又不愿屈服于日本帝国主义者，所以，在一八九五年曾一度有民主国之成立。以后，在祖国抗战胜利而台湾独立革命成功时，祖国当是一个崭新的三民主义的国家，台湾民众归返祖国的要求，当可以得到。故同时，台湾革命者又以归返祖国作为其革命目的之一。至于以何种形式归返祖国（台湾五百万民众自己有其特殊的政治生活，经济生活及文化生活），那不是现在的问题。为什么不是现在的问题呢？第一，归返祖国必须在已获得独立之后，而现在，仍是坚苦地作斗争的时候；第二，历史发展的条件将要规定台湾怎样归回祖国的形式。所以我们说，台湾（要）独立又要归返祖国。

（《台湾先锋》1940 年第 1 期）

台湾少年团图片

1939 年 10 月，英姿飒爽的台湾少年团队员

《良友画报》（1939 年第 148 期）刊载的同一时间、地点拍摄的另一张台湾少年团列队照片，原图文字说明：这一队雄赳赳的台湾小兵，他们都熟谙日语、台湾语和相当熟练的国语，年龄也都是在十岁左右，他们全是跟着他们的爸爸从台湾秘密逃回来的

原图文字说明：从台湾回国的民众，看到国旗在阳光中徐徐上升，他们又从（重）新回到祖国的怀抱中来了。载《良友画报》1939 年第 148 期

台湾少年团团员在浙江金华为抗战踊跃捐款。载《东南战线》第 1 卷第 4 期（1939 年 3 月 5 日）

李友邦给台湾少年团小团员们讲课。载《东南战线》第 1 卷第 4 期

台湾少年团员们在操练中

台湾少年团表演舞蹈《开火车》

1941 年 4 月台湾少年团在浙江宁波前线慰问演出《海军舞》

台湾少年团在浙江动员民众抗战，演出《农民舞》

台湾少年团在浙江前线演出《马蹄舞》

1940年7月，台湾少年团返回福建崇安宣慰军民，于武夷山武夷宫参观合影

1941 年台湾少年团于浙江金华举行新旧团员联欢会

1942 年 3 月永安儿童剧社热烈欢迎台湾少年团员们

1944 年 4 月 9 日台湾少年团在龙岩

＊资料＊

为什么组织台湾少年团

李友邦

一、少年和儿童是国家民族的幼苗

无论那一个国家或民族，所以能继续生存，并且能健全而强盛起来，是由于他们有优良的民族后继者。这就是说，儿童和少年的品质好坏，往往是决定了这一个国家或民族的盛衰前途。但儿童和少年们，又好像是一张白纸，他们的种种品质，完全是由后天的种种不同环境所陶冶而成的。假如他们有了优良的环境，合理的教育，那他们便将是国家或民族的良好继承者，否则，他们如在非常恶劣的环境中长大，受了不正当的教育，那他们便将会成为民族的败类或莠民，所以，凡是现代化的国家或民族，对儿童和少年的教育，都特别注意。

同样，帝国主义者，对他们统治下的殖民地的儿童和少年的教育，也是一样的注意，不过他的教育旨趣和一般的完全不同而已。他的目的是要培植一批将来能驯良地供他自由驱使的奴隶，也就是拼命施行他的奴化教育。

二、台湾的少年和儿童是台湾革命的继承者，和新台湾的建设者

如上述，少年和儿童，既是国家和民族的幼苗，他将是国家和民族

盛衰的决定者，那作为日本帝国主义殖民地的台湾底少年和儿童，他们将来的任务，将比普通任何独立国家儿童的任务都要艰巨。就是因为他们要肩负起复兴国家民族的重任，也就是说，他们将是台湾民族革命的继承者。我尝说：“革命事业是伟大而艰苦的，要想获得革命的成功必须要有革命新细胞不断的补充。”尤其是凶残的日本帝国主义，对革命者的无尽止的杀戮，益使这新细胞的补充，和继承者的培植更为迫切。

有人或许要说，待这些小朋友长大后，那时台湾或许早已脱离日本帝国主义的统治了。

这或者也有可能，但台湾要得真正的解放，决非仅仅赶跑日本帝国主义在台湾的一些统治者便成的，他必须于推翻日阀的统治后，建立起一个强固自由幸福的新台湾来，才能保持和巩固已获得的胜利。正如总裁指示我们的建国的任务并不轻于抗战，抗战是艰难而伟大的事业，建国也同样是艰难而伟大的事业，并且二者有不可分的连系性。

因此，生存在现在的台湾少年和儿童，他们是担当了一方面要求得脱离日本帝国主义统治的台湾独立解放，同时，又要建设新台湾的双重任务。

三、处在日本铁蹄下的台湾少年和儿童的不利条件

今日的台湾少年和儿童其任务既如此艰巨，毫无疑问的，他们必须具备承挑这副重担的力量，也就是说，他们要有良好的教养，如民族自尊心的扶植；优良品质的陶冶；对民族敌人的认识；和知道如何获得革命胜利的方法以及坚强革命意志的锻炼。

然在日本帝国主义统治下的台湾，少年和儿童所受的教育，却适得其反。

日本帝国主义在台实施的教育，他的主要宗旨是在于消灭民族意识，而代以奴隶意识。他们麻醉儿童，蒙蔽儿童，使他们只知道日本帝国是世界上唯一的国家，日本天皇是世界唯一的神圣的权威者，效忠天皇，效忠大日本帝国是台湾同胞唯一的任务。他们所能认识的是日本文字，所能读的，是日本帝国主义御用学者们所编的一些课本。

在这种情形下，我们的小主人翁是完全受欺骗和侮辱，如要培植起优良而健康的民族幼苗，非设法解除这为统治殖民地，奴化后代的毒辣的文化桎梏不可。首先应脱离这险恶的环境，故有许多不愿做奴隶的台胞为了不愿子女们被奴化，便纷纷挈了全家，投奔到祖国的怀抱中来。

四、台湾少年团是适应留居祖国的台湾少年的要求而组织起来的

台湾的少年既然一部分离开了那恶劣的环境，而回到了祖国，那便可和祖国的少年们一样进入各种学校念书好了，又何必要另外组织少年团呢！

但是台湾少年虽一部分离开了恶劣环境，回到祖国，然祖国的一般学校，并没有教授关于台湾的专门课程，以适应台湾少年们的特殊要求。同时，救国不敢后人的一群小孩子们，又是亲身尝试过了日本帝国主义铁蹄蹂躏的滋味，因此，在祖国抗战的烽火中，他们是迫切的要求着，尽他们的力量，做一点他们所能做的工作，并且希望，能在工作中去锻炼自己。台湾少年团为适应上列二项要求，因此便由一群留闽浙等地的台湾少年发起而组织起来，自成立迄今二载有余，辗转于东南各战场上，祖国的原野，成为他们的课堂，祖国抗战的各种英勇事迹，成为他们主要的课题。同时因为他们有不辞劳苦的苦斗精神，博得了祖国社会广大人士的同情和赞助，益使这小队伍一天天的扩大，并坚强起来。

是的，我们坚决的相信："台湾少年团"——他将是我们台湾革命后继者的摇篮与焙炉。

（《台湾先锋》1941 年第 8 期）

台湾少年团之组织及其工作

李 炜

（一）一个迫切的需要

台湾自一八九五割让日本后，就在日本军阀铁蹄下，过着奴隶生活，政治、经济、文化各方面，台湾人都无自由，即日常说话，也不准提到“中国”或与之相近的词，不然就是煽动民族思想；至于言论、出版、集会等法律的自由，更谈不到；总之，台湾失掉了人的资格，失掉了说话的权利。这种压迫，是以台湾整个民族作对象的，所以，台湾人必须一致起来与压迫者斗争，这种斗争因为必须是全民的，所以应该发动一个“民族革命战争”，始能得到胜利，又因日本是个强盛的帝国主义，台湾人要达到这个目的，非短时期内就可以成功，更不是少数人所能完成，这伟大的工作，必须作长时期的斗争，同时，在长期斗争过程之中，必须大量地培养后继者，继续先驱者的奋斗精神，踏着先烈血迹染红了的道路，来完成这“民族革命”。所以在这时候，培养小干部做革命的后继者，乃台湾独立解放运动者的当务之急，培养后继者是迫切的急要。

（二）两个客观上不利的条件必须打破

要培养革命后继者，决不是一件容易的事，尤其是台湾在这种“民族压迫”的情况之下，更存着有好多客观上的不利，最大的有如次列二点：

1. 台湾的儿童，现在都生活在日本法西斯压迫之下，进的学校是所谓“公学”，是专为台湾人而设的“奴化教育”机关，在文化上，来麻醉台湾儿童，他们在学校里，绝不准说台湾话，须说日本话，被教以绝对服从日本强盗的理论，在校外，又复生活于强盗文化的空气中，这等等都足以麻醉台湾儿童的革命思想，使他盲目地服从法西斯政治的支配，驯服地受他的压迫与剥削，做法西斯军阀的顺民，这就是培养小干部作后继者的不利条件之一。

2. 即使台湾儿童能由台湾脱出，但无论在什么地方，都没有特别为满足我们所要求的目的而施行的教育，都是一般的学校教育，当然没有台湾革命有的教育内容，在一切学校中，既然无法学到我们要学的东西，如果只把台湾儿童，投入一个普通学校之中，结果也是不好，而且根本没有用处，这也是培养小干部的又一不利条件。

为了使儿童能不受日本军阀所施的“奴化教育”，不受其毒化，为了要培养革命的后继者，必须打破以上两个不利条件，始能达到我们革命成功的目的；必须从敌人手中，抢救儿童，而在祖国抗战期中，在帮助祖国抗战的工作中，建立以革命为目的的教育系统，使儿童们受了严格的锻炼，以备将来和日本帝国主义斗争，因此少年团组织起来了。

（三）台湾少年团的性质

（一）首先，它是一个有革命有组织性的团体——台湾少年团，并不是普通的团体，随便组织，而我们是有着共同的目的而奋斗，有着极严格的组织，是一种极富有革命性的集团。

（二）是有一定革命目标的团体——它不但是有革命性，有组织性的，而且有一定的具体的革命目标，大家集合为一定目标而斗争到底，就是，在国家关系上要脱离外族的统治，求得自由独立解放。这是台湾少年团日夜不忘具体的革命目标。

（三）是永久性的团体——少年团，并非应一时的需要而组织，时过境移又随即解散，不，它有它的特点，是一个永久性的（除非打倒了日本帝国主义）而不是一时集体，当然，在这里还得特别指出，小朋友长大以后，以工作能力不同来分配工作，是必然的，但少年团本身还是永久地存在着。

（四）台湾少年团的生活原则

1. 集体生活——我们的利益都是集体的，决不许某一个同志，以他私人的利益做出发点而行动，喜欢看书，就个别去看不管他人，喜欢做别的工作也自己去做，不管他人，把集体所规定生活时间，放第二，不，这样是破坏我们集体生活的举动，我们是绝对不会这样做，也绝对不允许这样做的，如果有了这样的力量以团体的立场来打破这个人的行动，我们要时时都以集体之利害放在第一位而过生活。

2. 自我教育——我们过着集体生活，同时，就在这生活中，教育我们自己，我们随时随地进行自我教育，对于本身所需要的东西，自动去学习。自己发现了缺点，就自动的检讨它，克服它，总之，我们以自我教育的精神，武装我们的头脑。

（五）学习课程

为了达到我们的目的，我们所学的课程，完全根据我们的需要而主要的约分下列数项：

一、一般的知识　如三民主义，中日语文，史地常识等，最基本的知识，我们得先学习，作为基础。

二、台湾革命　这是我们最重要的切身问题，一切奋斗，都是为了这个问题，故须特别加以研究。

三、工作技术　我们进行我们的工作，担负起这伟大的任务，必须要有工作的技术。例如，宣传、组织应如何进行等，这些都须加以讨论，学习始能应用自如，达到我们工作的目的。

（六）学习的方式

一、自动的自发的：我们学习课程的方式，是自动的自发的，并不要教师来叫、来推，在后面推着才肯做，反之我们要自发地学习。

二、集体的：我们自动自发并不是拿个人做出发点，自己管自己一个人学习，自己一个人进步，不，我们是集体行动，互相帮助，大的帮小的，懂的帮不懂的，这样集体地学习，集体地进步。

三、活动的实用的：我们学习的方式并不是死板，不死读，学的东西也不死板，不死读书，更不要空谈理论，也不要退步的东西，我们是以活的学习方式，学习实用的，实际的进步的东西。

（七）目下工作的中心

为要求得台湾解放，归还祖国，共同建立新三民主义的国家，台湾独立革命党便组织台湾义勇队，参加祖国抗战，所以，在台湾独立革命党领导下的台湾义勇队的台湾少年团，无疑问的也是一样地以帮助祖国抗战为目下工作中心。

（八）工作内容

一、我们作一般的普遍的宣传，唤醒祖国同胞抗战到底，把台湾革命及台湾人被压迫的情形告诉大家，使祖国民众能觉悟起来，这增加了祖国抗战力量，也就是增加了台湾革命的力量。

二、在祖国抗战，祖国政府所有的一切号召，如劳军运动，献金运动……等，我们都必须响应，必须切实执行，使政府号召能完满的成就。

三、在祖国抗战中，祖国的小朋友们也起来了，拿出他们的小力量，组织各种救亡团体，所以我们要和他们取得密切的联络，共同进行工作，对于祖国尚未组织的小朋友，我们要尽量帮助他们，把他们组织起来，集中我们小朋友的力量，打倒共同敌人，日本法西斯强盗，求得弱小民族的解放。

（《台湾先锋》1940 年第 2 期）

第二章

台湾革命同盟会

日本殖民统治时期，不屈不挠的台湾人民开展了轰轰烈烈的抗日运动，他们除了在岛内组织武装斗争及非暴力政治抵抗外，还有一批人来到了祖国大陆，发起组织抗日团体，积极参加祖国的反帝爱国斗争。尤其是抗战爆发后，在大陆各界台湾人抗日团体纷纷成立，1940 年，为集中抗日力量并实施统一领导，来自全国各地的台湾抗日团体聚集陪都重庆，成立台湾革命团体联合会。1941 年 2 月 10 日，适应着祖国抗战及台湾革命运动的需要，台湾独立革命党、台湾民族革命总同盟、台湾国民革命党、台湾青年革命党和台湾革命党等五团体发起组建台湾革命同盟会，取代前述之台湾革命团体联合会，从而达成了全大陆台湾人抗日力量的大联合。

台湾革命同盟会的成立，既有台湾人抗日团体出自抗日形势需要积极呼吁、筹组，亦有国民政府因应抗战大环境而主动策划的因素，据其领导人谢南光的回忆，国民党实力人物康泽、陈立夫、朱家骅、贺衷寒即参与此事之谋划，并且得到最高领导当局的认可，该会的成立、运作和经费援助都得到了官方的支持。在组织架构上，台湾革命同盟会设总会于重庆，地方设南方执行部与北方执行部，后因工作协调不顺利及内部人事问题而改设分会，不定期召开监委联席会议、临时代表大会、代表大会。

自台湾割让后至1940年代，已经历四十余年，可以说，国人对于台湾的认识已逐渐淡漠。近代中国自身积贫积弱、外强环伺，反帝爱国斗争任重道远，在此背景下，台湾问题被摆到了次要的地位。为此，台湾革命同盟会在大后方开展了轰轰烈烈的台湾问题宣传，以唤醒国人的台湾意识，其中包括广泛发动重庆舆论界，举办台湾日活动，进行《马关条约》、“六一七”日本殖民统治台湾纪念活动，发表光复台湾宣言，号召大陆民众关心、支持台湾志士的抗日复土行动等等。同时，他们还在大后方报刊杂志发表一系列文章，宣传台湾历史、风土人情及其与祖国的血脉渊源，指出台湾人是汉民族的一分子，台湾自古是中国领土，分析台湾在日本帝国主义对外侵略战争中的地位，说明抗战复土、光复台湾是包括台湾人在内的全体中国人的历史职责。而大后方的舆论界也积极呼应台湾革命同盟会，各报刊均辟出台湾光复运动专刊，刊载国内各界名流的文章，并配发社论，对台湾革命志士的抗日复台行动表示全力支持，高呼：“台湾要回到祖国的怀抱，台湾根本是中国的领土，台湾人本来就是中国人”，“抗战一定要抗到台湾收复才算底！中国人人人应当有此决心，有此抱负。”一时间，大后方洋溢着浓浓的光复台湾氛围，台湾从此不陌生了，变得那样地亲近，这为战后台湾的光复创造了良好的社会舆论环境，有着积极的意义。

1943年11月，国际上出现了所谓的台湾国际托管论，主张战后台湾不是回归中国，而是由国际托管。这一论调激起国内各界强烈反响，台湾革命同盟会奋起抗拒、批驳这一谬论，他们庄严宣告：“战后处理台湾问题，除将台湾之领土主权完全归还中国外，任何维持现状或变更现状之办法，均为台湾人民所反对”，“本会郑重声明台湾土地原为中国领土”，“深望世界有识之士，为使实现世界和平，必须一致主张战后台湾应立即归还中国，而本会领导台湾革命方针，素以归宗祖国为中心，今后尤为坚决此方针而努力，无论任何异族统治台湾，均为吾人所反对，势必反抗到底。”在台湾革命同盟会和祖国社会各界的强烈反对和舆论抨击下，台湾国际托管论最终销声匿迹、胎死腹中。

台湾革命同盟会的抗日斗争，充分体现了台湾民众在日本帝国主义侵略中国、中华民族面临生死存亡的关键时刻，与祖国同呼吸、共命运的伟大民族精神，在事关台湾前途命运的大是大非面前，他们致力于捍卫中国对台湾的主权，以实际行动诠释了什么是爱祖国、爱台湾的真正意涵。

台湾革命同盟会图片

1942 年台湾革命同盟会在陪都重庆成立

台湾革命同盟会成立地点——重庆抗建堂（苏小渝摄）

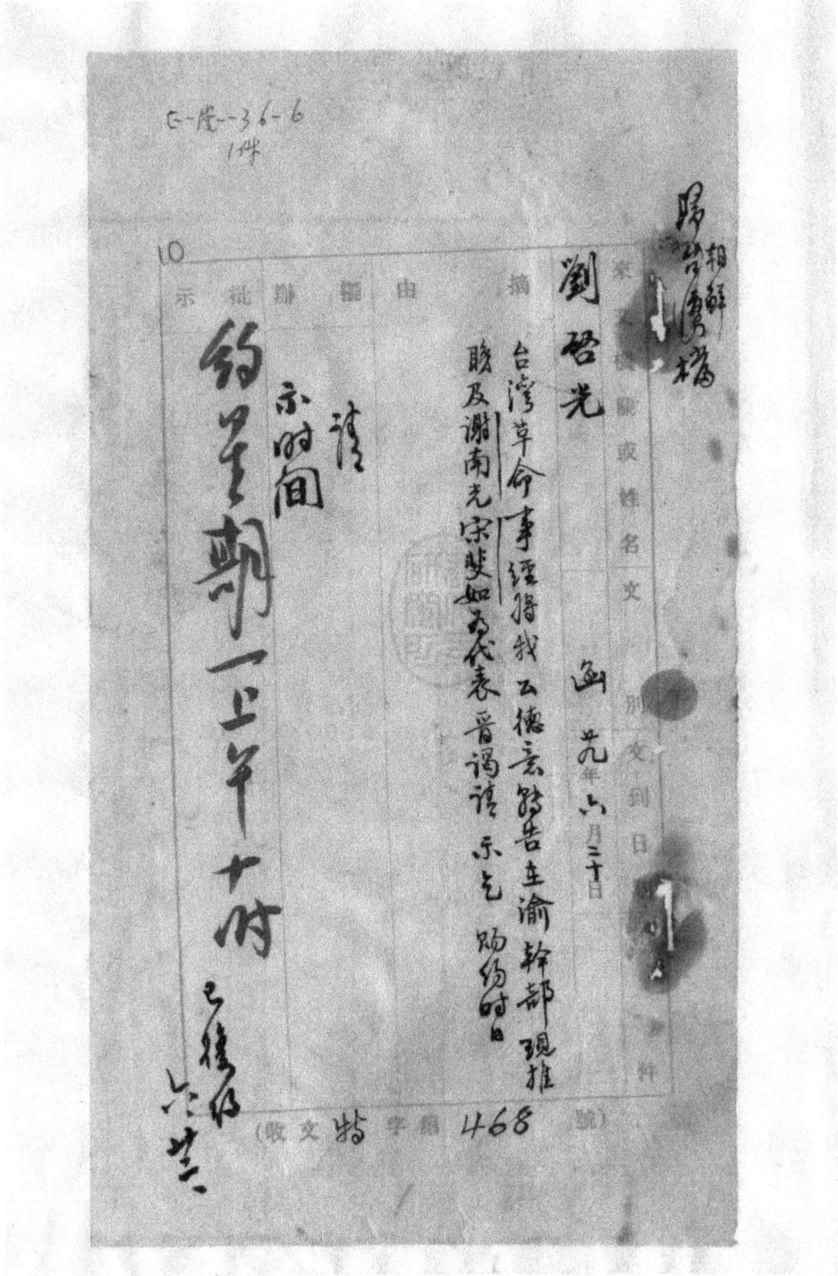
劉啓光
台灣革命事經將我公德意轉告在渝幹部現推職及謝南光宋斐如為代表晉謁請示乞賜約時日
廿九年六月二十日
請示時間
約星期一上午十時
收文 字第 468 號

刘启光：《台湾革命事经将我公德意转告在渝干部现推职及谢南光、宋斐如为代表晋谒请示乞赐约时日》（一），1940 年 6 月 20 日。朱家骅档，台湾中研院近代史研究所档案馆藏

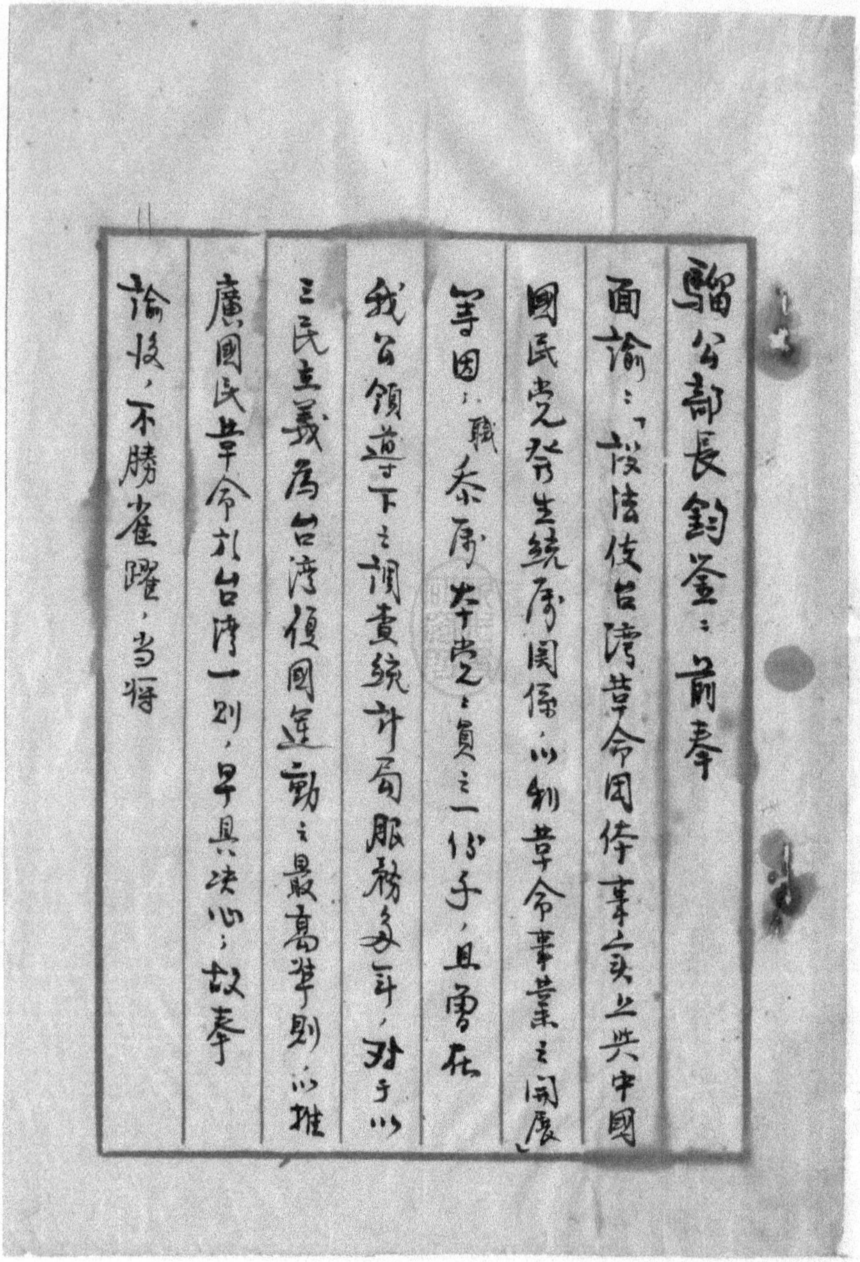

騮公部長鈞鑒：前奉
面諭：「設法使台灣革命同志事實上與中國
國民黨發生統屬關係，以利革命事業之開展」
等因，職忝屬本黨黨員之一份子，且曾在
我公領導下之調查統計局服務多年，對于以
三民主義為台灣復國運動之最高準則，以推
廣國民革命於台灣一則，早具決心；故奉
諭後，不勝雀躍，當將

刘启光：《台湾革命事经将我公德意转告在渝干部现推职及谢南光、宋斐如为代表晋谒请示乞赐约时日》（二），1940年6月20日。朱家骅档，台湾中研院近代史研究所档案馆藏

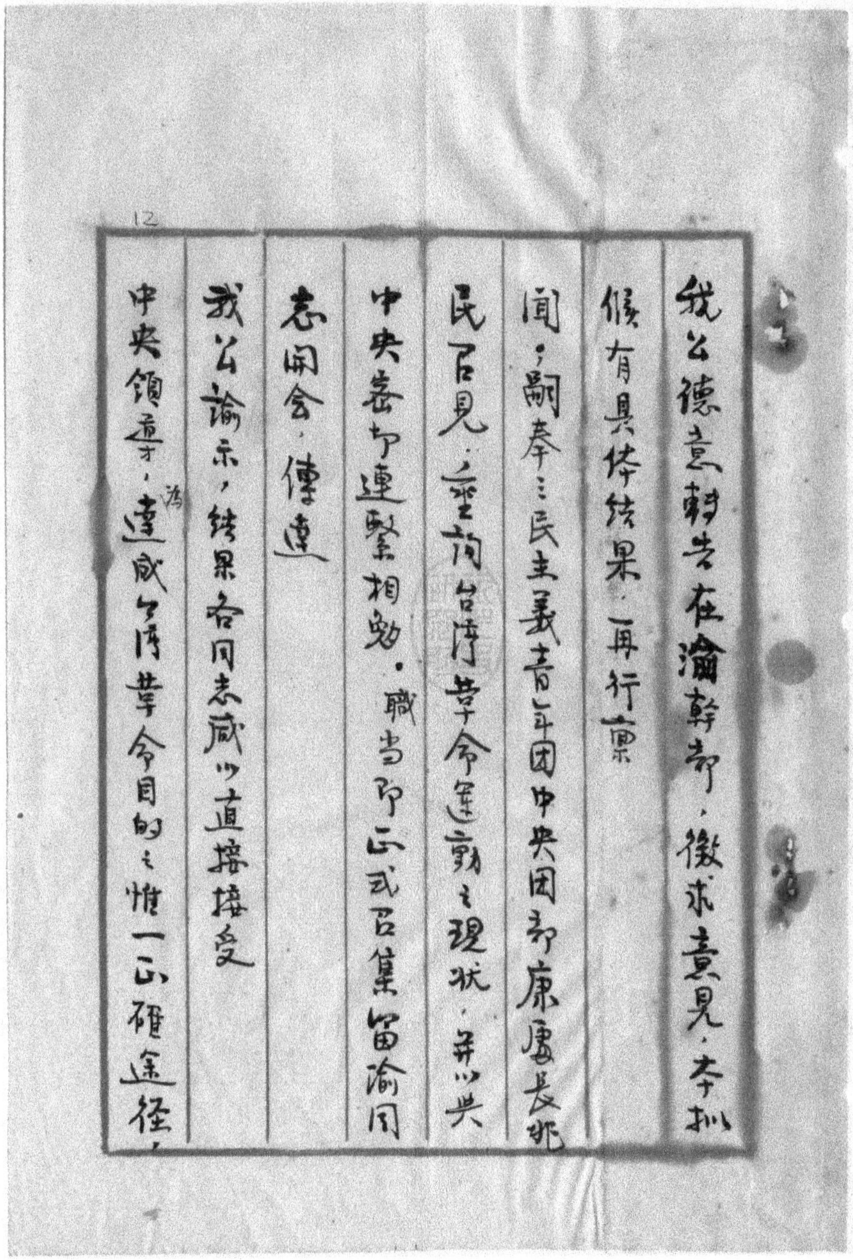
12
我公德意轉告在渝幹部，徵求意見，本擬
俟有具體結果，再行稟
聞；嗣奉三民主義青年團中央團部康處長兆
民召見，垂詢台湾革命運動之現狀，并以與
中央甚密連繫相勉。職當即正式召集留渝同
志開會，傳達
我公諭示，結果各同志咸以直接接受
中央領導，達成台湾革命目的之唯一正確途徑，

刘启光：《台湾革命事经将我公德意转告在渝干部现推职及谢南光、宋斐如为代表晋谒请示乞赐约时日》（三），1940 年 6 月 20 日。朱家骅档，台湾中研院近代史研究所档案馆藏

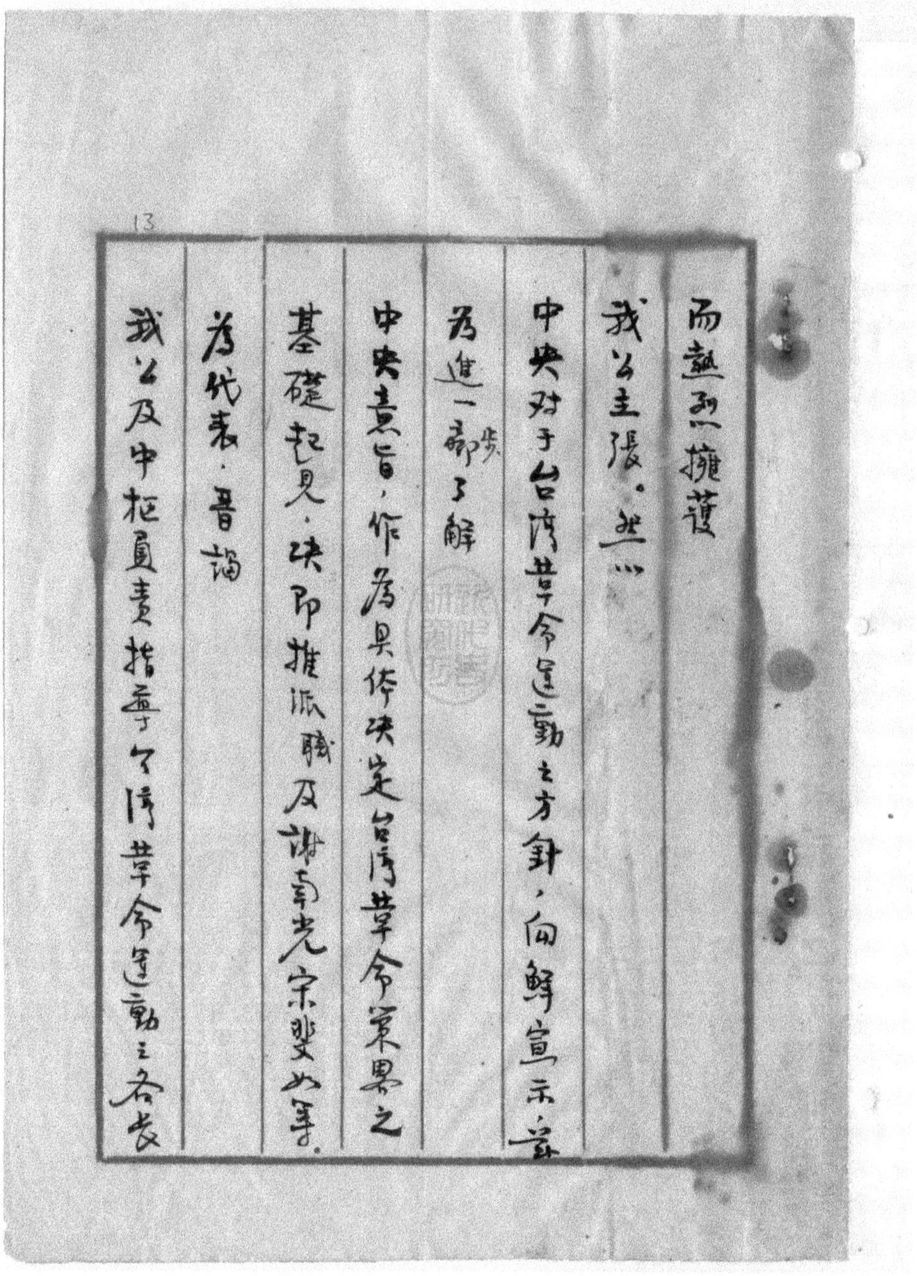

13

而熱烈擁護
我公主張。並以
中央對于台湾革命運動之方針，向鮮宣示，兹
為進一部（步）了解
中央意旨，作為具体决定台湾革命案畧之
基礎起見，決即推派職及謝南光宋斐如等
為代表，晉謁
我公及中樞負責指導台湾革命運動之各長

刘启光：《台湾革命事经将我公德意转告在渝干部现推职及谢南光、宋斐如为代表晋谒请示乞赐约时日》（四），1940 年 6 月 20 日。朱家骅档，台湾中研院近代史研究所档案馆藏

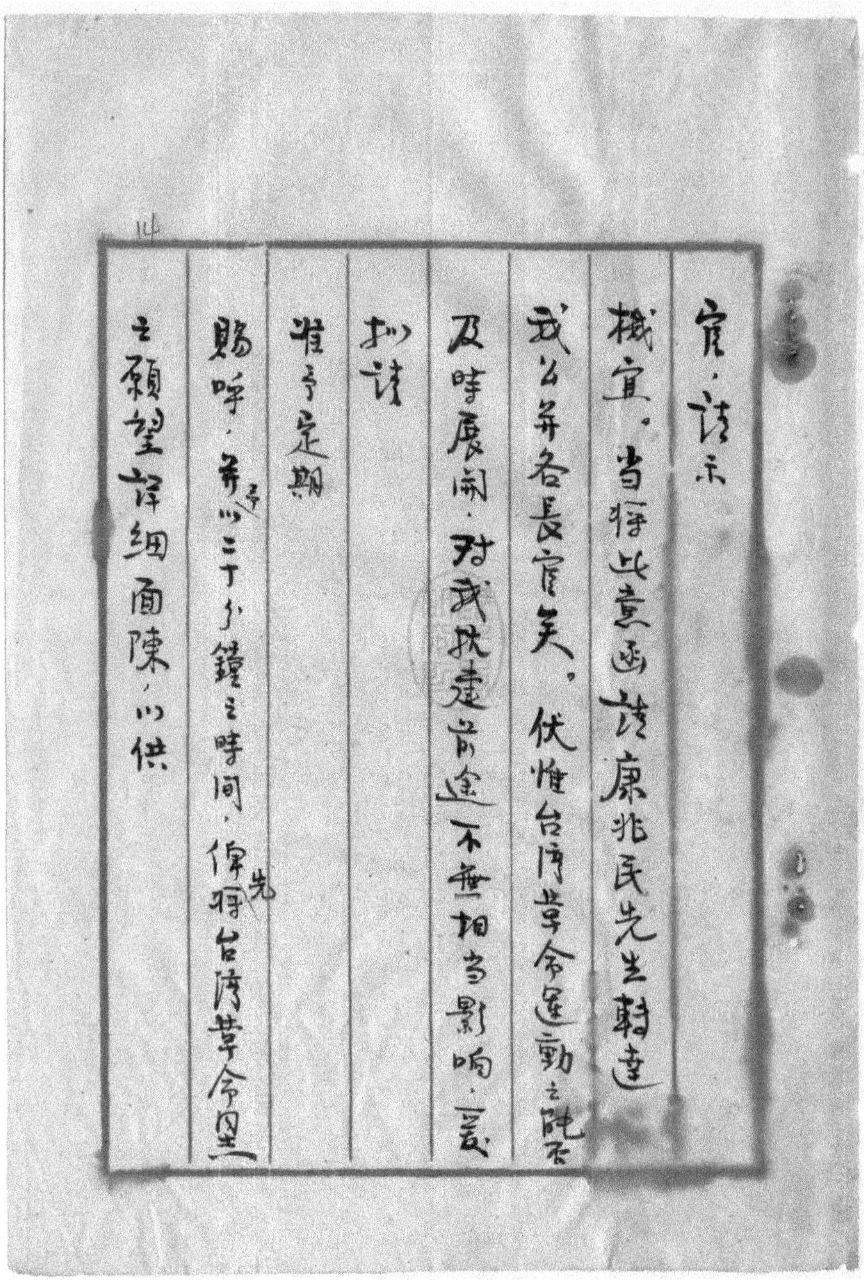
14

宣、請示
機宜。当将此意函請康兆民先生轉達
我公并各長官矣。伏惟台湾革命運動之能否
及時展開、對我抗建前途不無相当影响、茲
抄請
准予定期
賜呼、并予以二十分鐘之時間、俾先将台湾革命運
之願望詳细面陳、以供

刘启光：《台湾革命事经将我公德意转告在渝干部现推职及谢南光、宋斐如为代表晋谒请示乞赐约时日》（五），1940 年 6 月 20 日。朱家骅档，台湾中研院近代史研究所档案馆藏

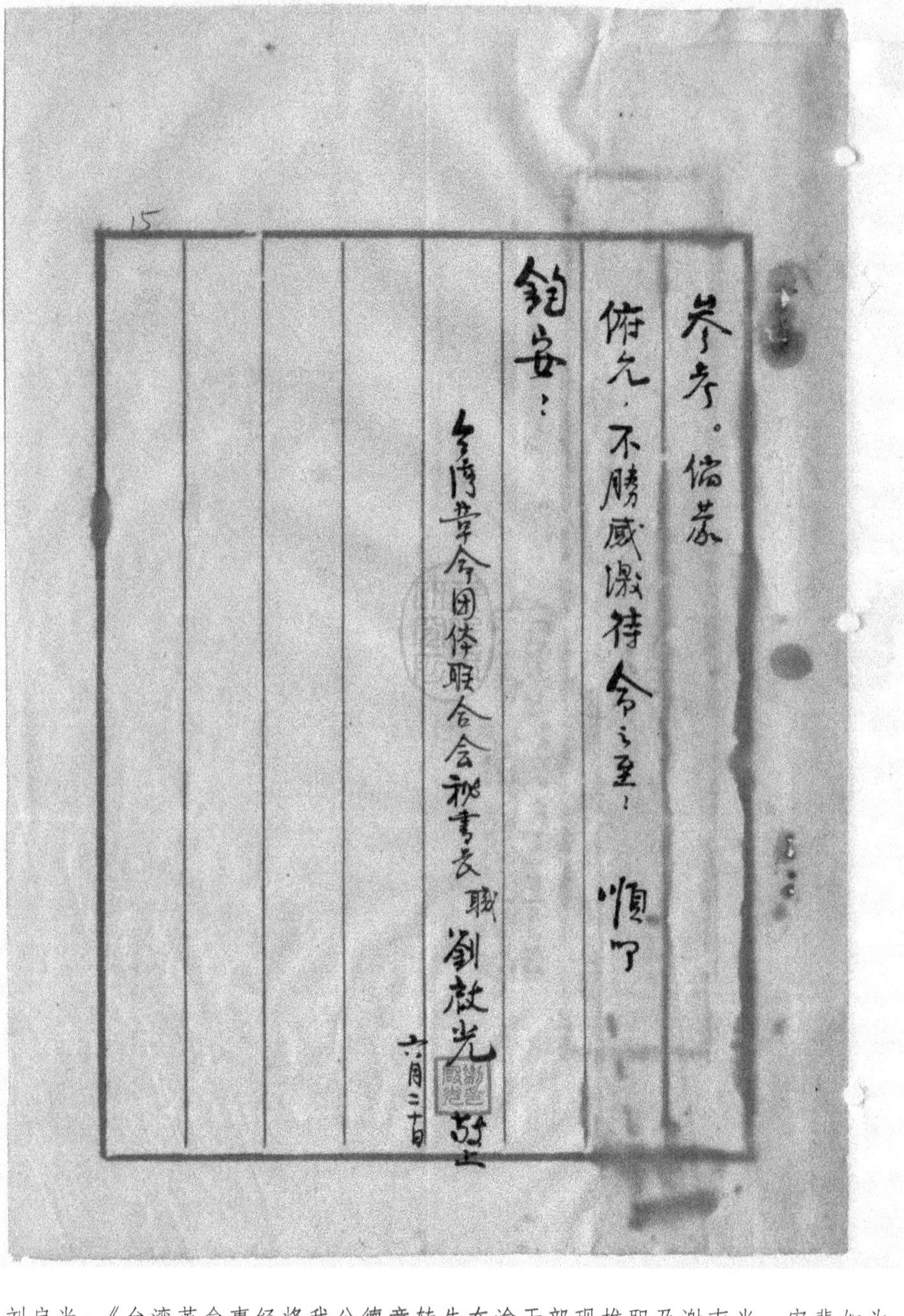
15

參考。倘蒙

俯允，不勝感激待命之至 順叩

鈞安

台灣革命团体聯合会秘書長 職 劉啟光 謹上

六月二十日

刘启光：《台湾革命事经将我公德意转告在渝干部现推职及谢南光、宋斐如为代表晋谒请示乞赐约时日》（六），1940 年 6 月 20 日。朱家骅档，台湾中研院近代史研究所档案馆藏

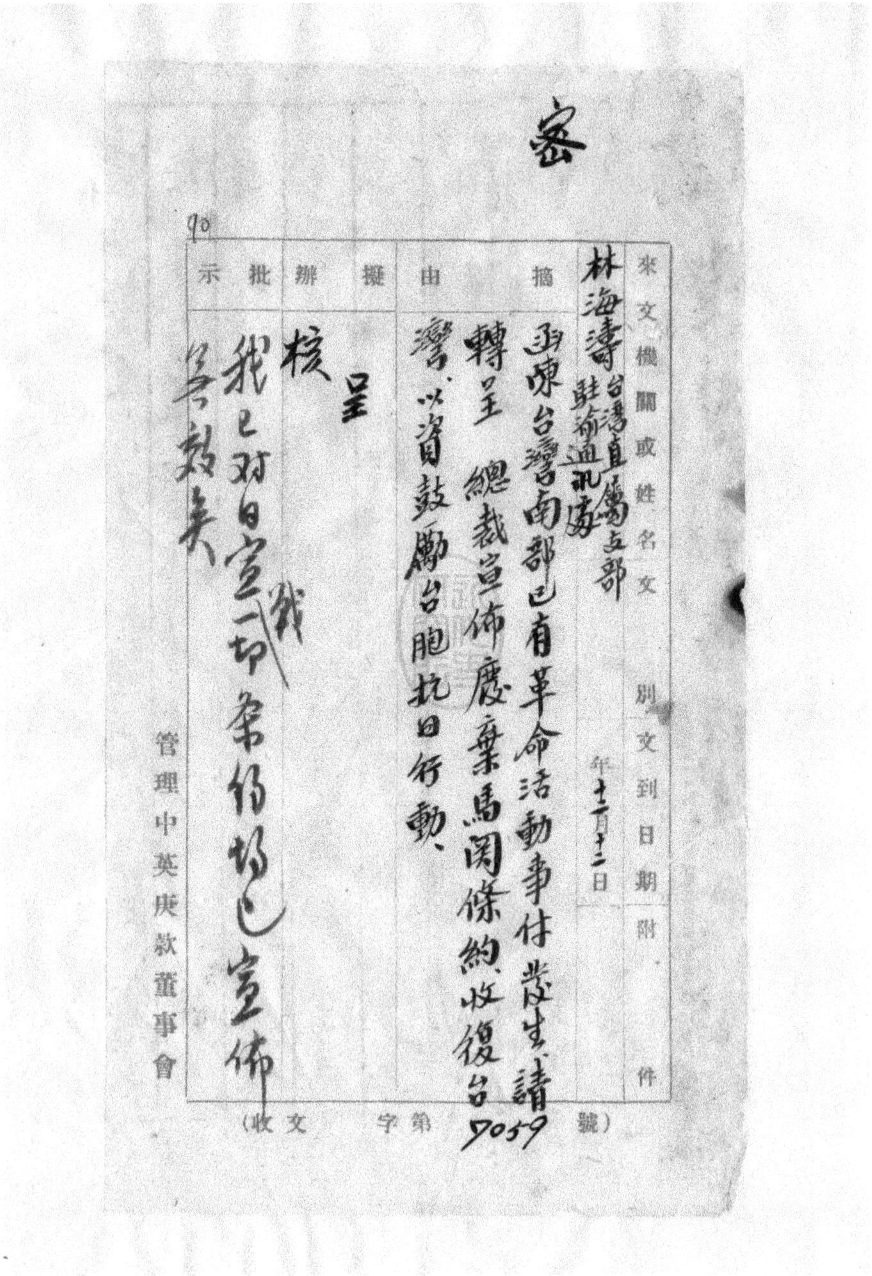

密

90

來文機關或姓名：林海濤（台灣直屬支部駐渝通訊處）

文別　　到文日期：年十一月十二日　　附件

摘由：函陳台灣南部已有革命活動事件發生，請轉呈總裁宣佈廢棄馬關條約，收復台灣，以資鼓勵台胞抗日行動

擬辦：呈核

批示：我已對日宣戰，一切条約均已宣佈無效矣

管理中英庚款董事會

（收文　字第 7059 號）

林海涛（台湾直属支部驻渝通讯处）：《函陈台湾南部已有革命活动发生，请转呈总裁宣布废弃马关条约，收复台湾，以资鼓励台胞抗日行动》（一），朱家骅档，台湾中研院近代史研究所档案馆藏

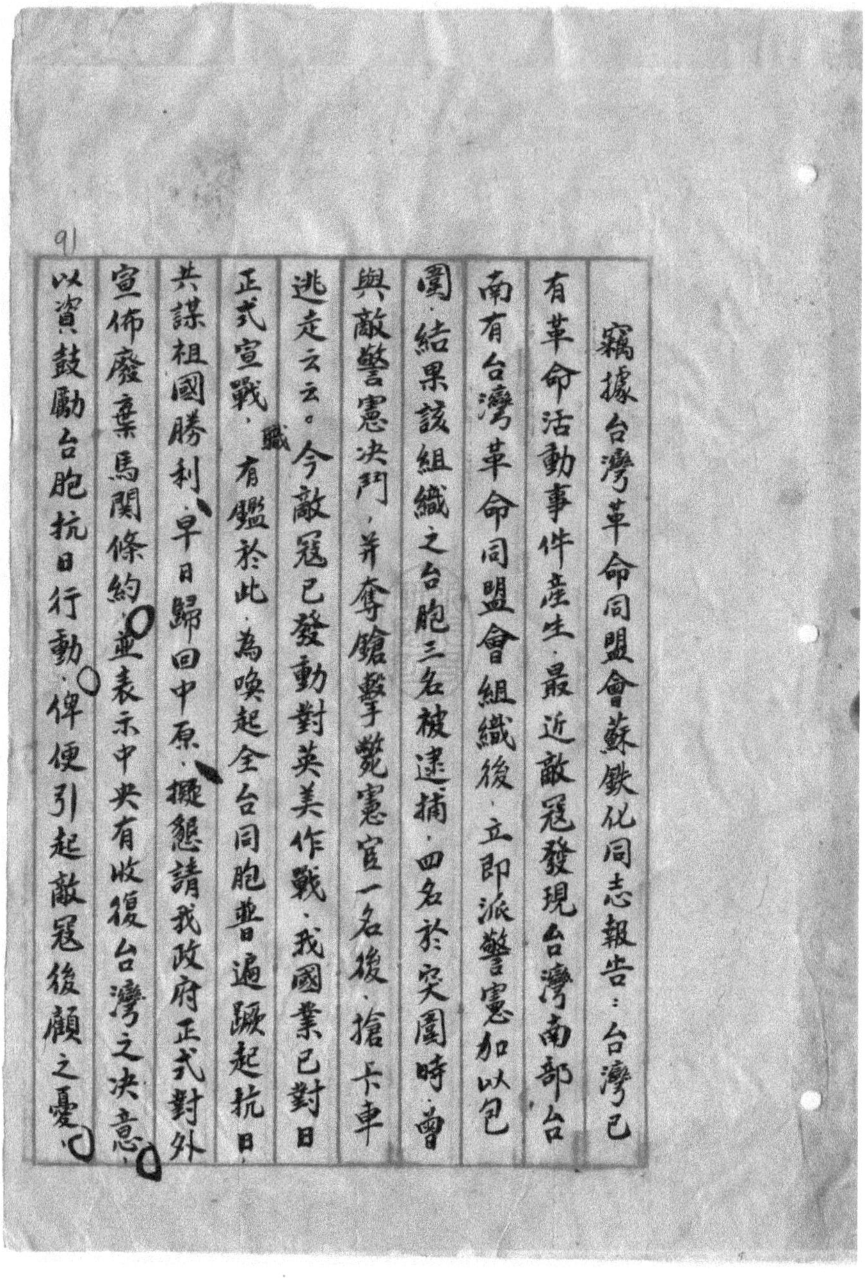
91

竊據台灣革命同盟會蘇欽仉同志報告：台灣已有革命活動事件產生，最近敵寇發現台灣南部台南有台灣革命同盟會組織後，立即派警憲加以包圍，結果該組織之台胞三名被逮捕，四名於突圍時，曾與敵警憲決鬥，并奪鎗擊斃憲官一名後，搶卡車逃走云云。今敵寇已發動對英美作戰，我國業已對日正式宣戰，職有鑑於此，為喚起全台同胞普遍蹶起抗日，共謀祖國勝利，早日歸回中原，擬懇請我政府正式對外宣佈廢棄馬關條約，並表示中央有收復台灣之決意，以資鼓勵台胞抗日行動，俾便引起敵寇後顧之憂。

林海涛（台湾直属支部驻渝通讯处）：《函陈台湾南部已有革命活动发生，请转呈总裁宣布废弃马关条约，收复台湾，以资鼓励台胞抗日行动》（二），朱家骅档，台湾中研院近代史研究所档案馆藏

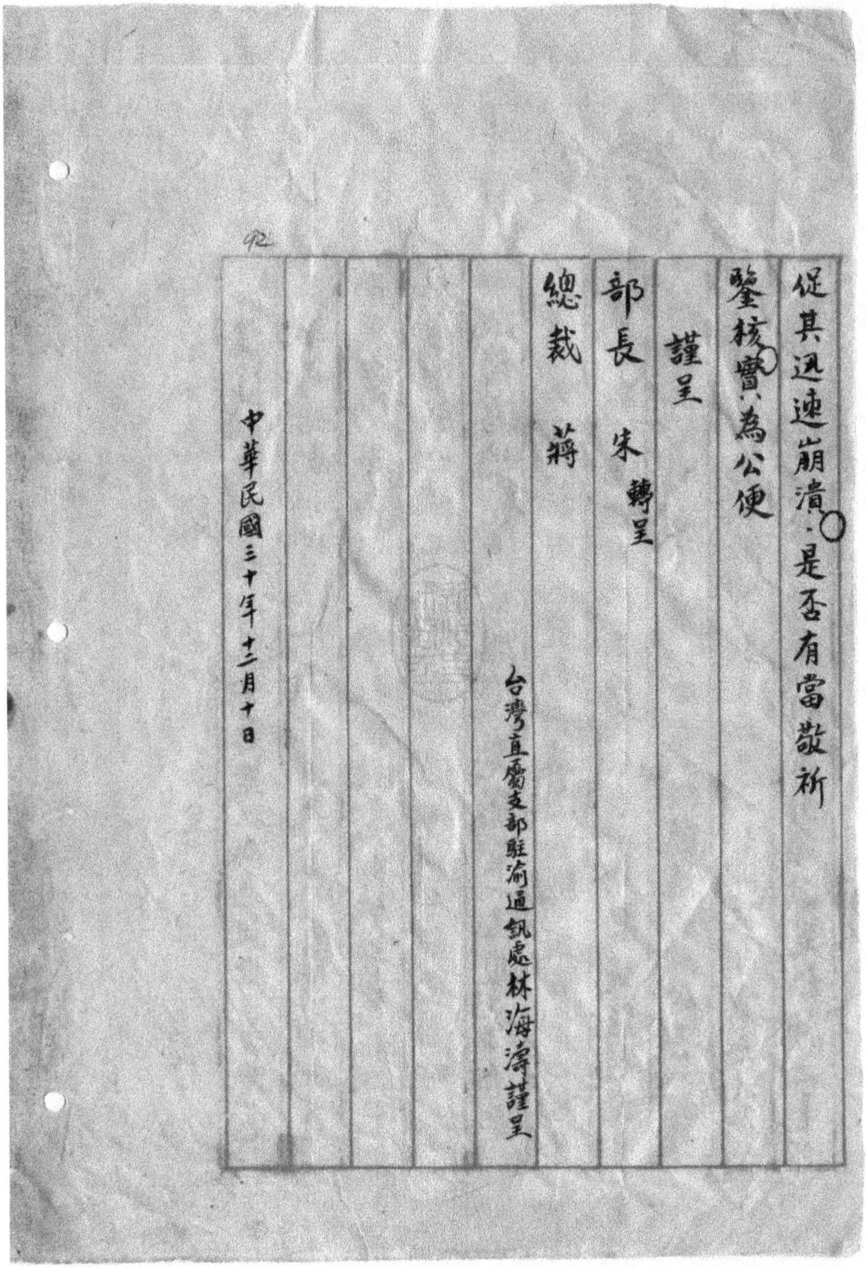
促其迅速崩潰。是否有當敬祈
鑒核實為公便
謹呈
部長 朱 轉呈
總裁 蔣
台灣直屬支部駐渝通訊處林海濤謹呈
中華民國三十年十二月十日

林海涛（台湾直属支部驻渝通讯处）：《函陈台湾南部已有革命活动发生，请转呈总裁宣布废弃马关条约，收复台湾，以资鼓励台胞抗日行动》（三），朱家骅档，台湾中研院近代史研究所档案馆藏

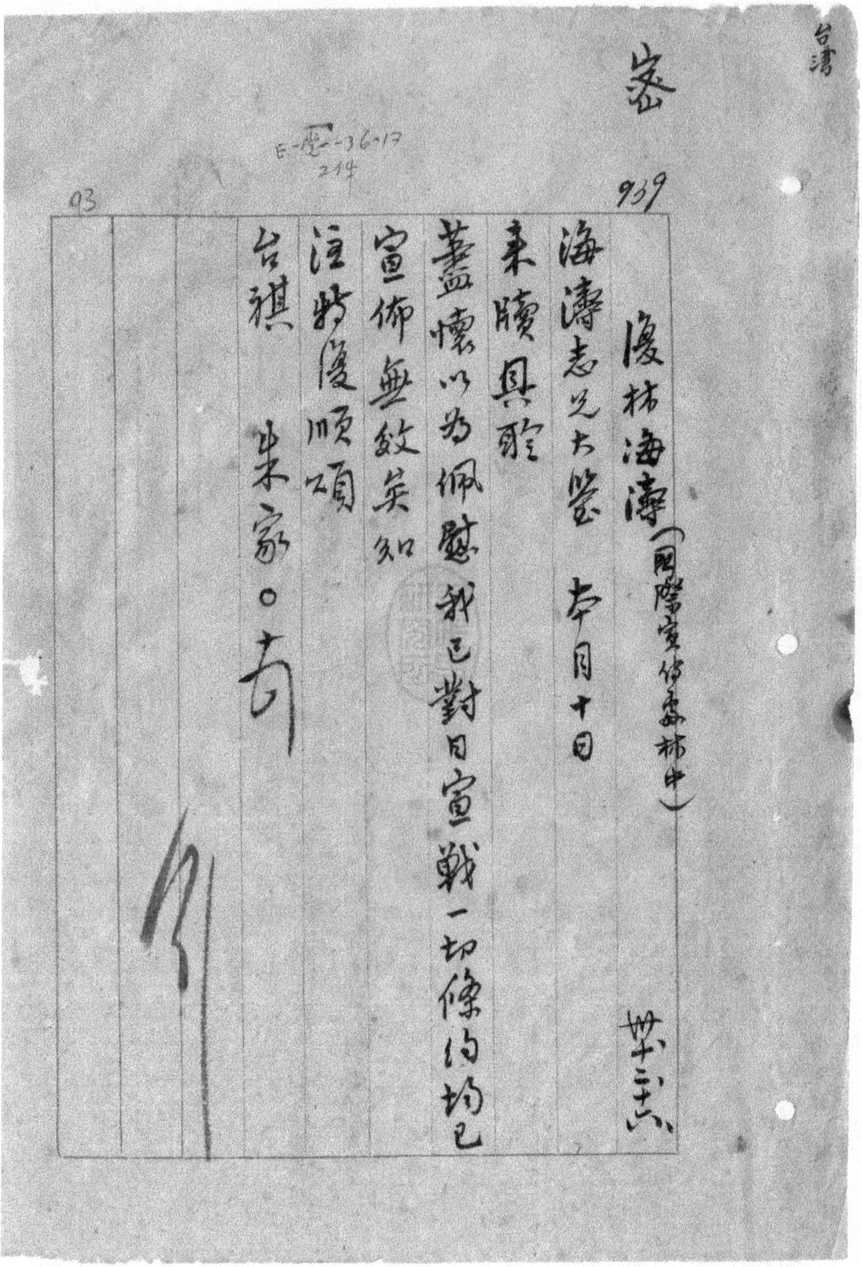
台湾

密

E-三-36-17
214

93

939

復林海濤（國際宣傳處林中）

海濤志兄大鑒 本月十日

來牘具聆

盡懷以為佩慰 我已對日宣戰一切條約均已

宣佈無效矣 知

注特復 順頌

台祺 朱家○ 卅一二六

林海涛（台湾直属支部驻渝通讯处）：《函陈台湾南部已有革命活动发生，请转呈总裁宣布废弃马关条约，收复台湾，以资鼓励台胞抗日行动》（四），朱家骅档，台湾中研院近代史研究所档案馆藏

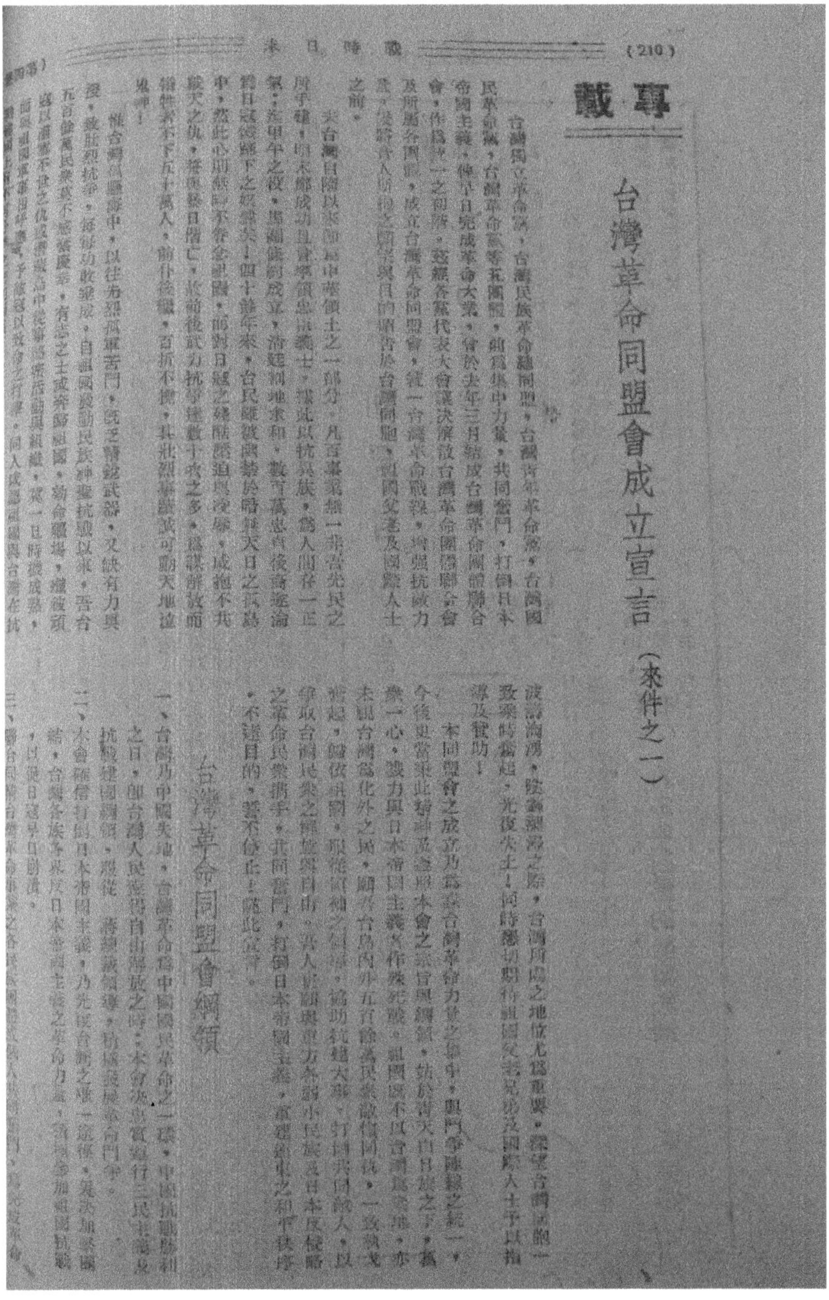

《台湾革命同盟会成立宣言》，载《战时日本》第四卷第三、四期合刊

台灣全島健兒
願効命疆場

台湾革命志士发表宣言，愿效命疆场，参加祖国抗日战争

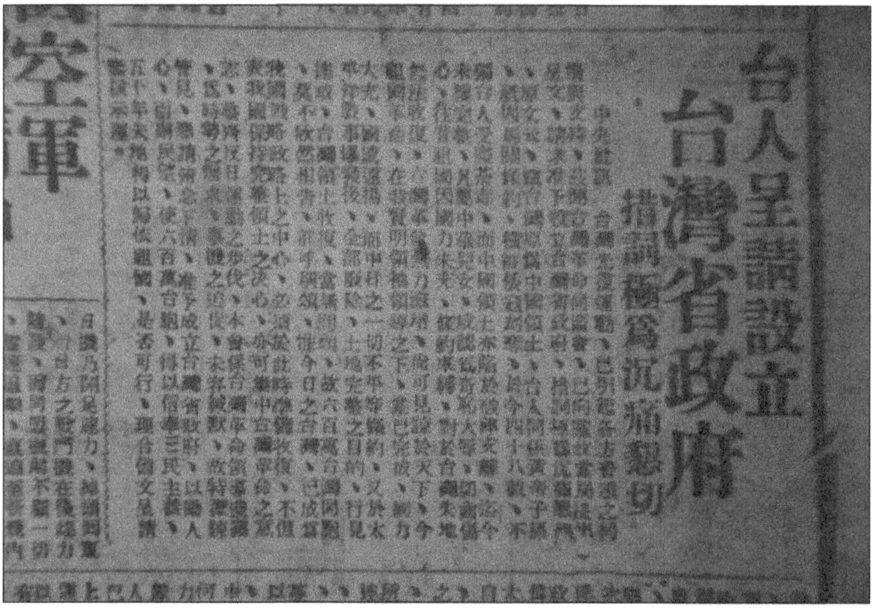
台人呈請設立
台灣省政府

台湾革命同盟会等大后方台湾人呈请设立台湾省政府，以励台湾民心，俾使五十年失地得以回归祖国。载《商务日报》（1942 年 4 月 5 日）

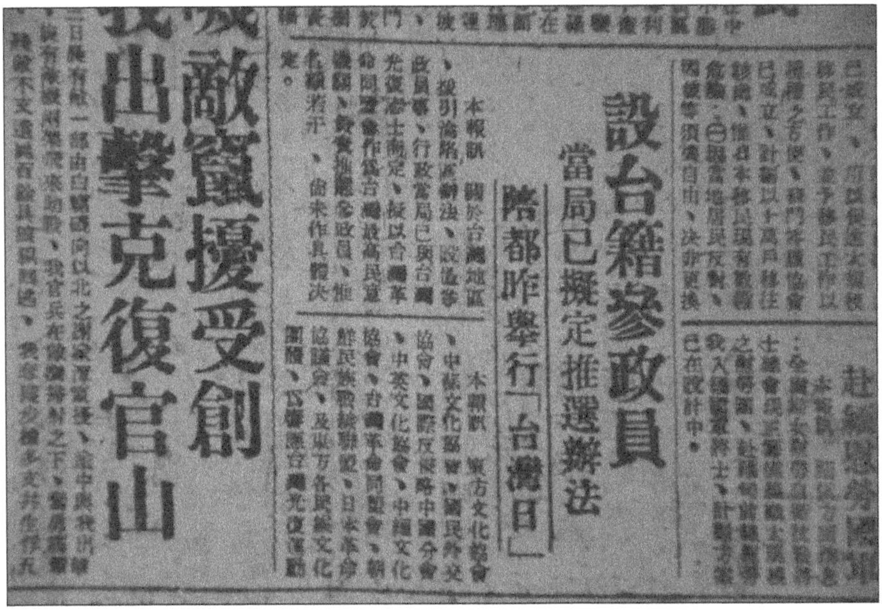

設台籍參政員

當局已擬定推選辦法

陪都昨舉行「台灣日」

敵竄擾受創

我出擊克復官山

《商务日报》报道（1942 年 4 月 4 日），政府拟以台湾革命同盟会为台湾最高民意机关，选举参政员

馬關條約簽定四七週年

在渝台胞舉行紀念

並電林主席蔣委員長致敬

完成戰後海港

實業專家與

台湾革命同盟会组织在渝台胞纪念《马关条约》签订 47 周年大会

谢南光（1902—1969 年），台湾革命团体联合会领导人，台湾革命同盟会执行委员会常务委员会主席

《战时日本》杂志封面

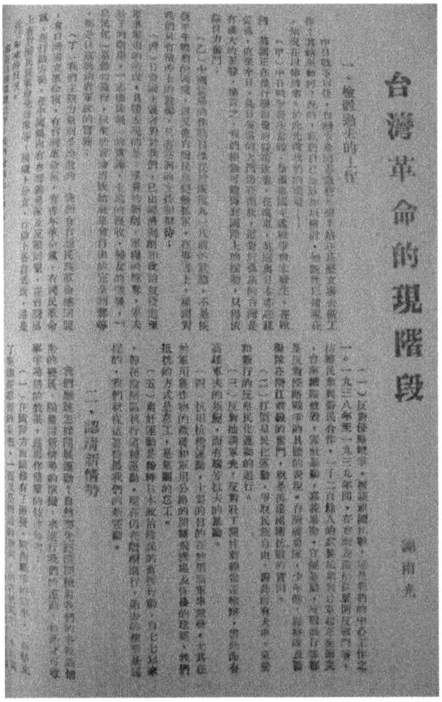

台灣革命的現階段

謝南光

一、檢討過去的工作

二、認清新情勢

谢南光：《台湾革命的现阶段》（一），
载《战时日本》第四卷第三、四期合刊

三、革命年和革命的邏進

谢南光：《台湾革命的现阶段》（二），
载《战时日本》第四卷第三、四期合刊

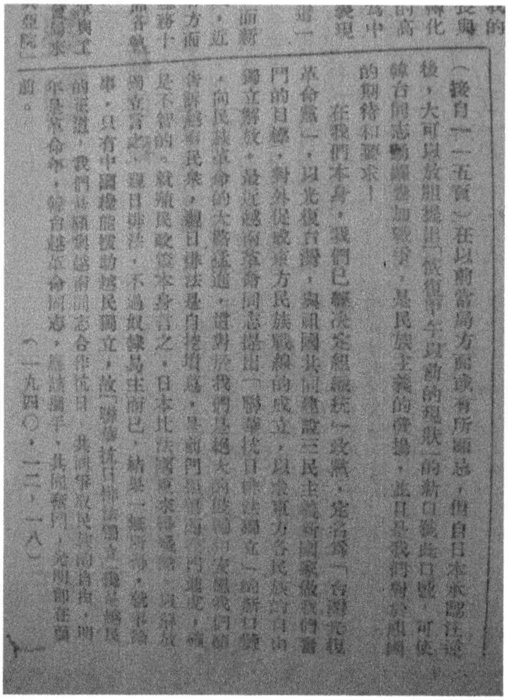

（接自一一五頁）在以前當局方面或有所顧忌，但自日本承認汪逆[illegible]後，大可以放膽提出「恢復二十五年前的現狀」的新口號，此口號可使韓台同志更加緊鬥爭，是民族主義的發揚，並且是我們對於韓國的期待和要求！

在我們本身，我們已經決定組織統一政黨，定名為「台灣光復革命黨」，以光復台灣，與祖國共同建設三民主義新國家為我們奮鬥的目標，對外促成東方民族戰線的成立，以[illegible]各民族的自由獨立解放。最近越南革命同志提出「聯華抗日排法獨立」的新口號，向民族革命的大路猛進，這對於我們是絕大的鼓勵！[illegible]

是不錯的。就殖民政策本身言之，日本比法國[illegible]獨立言之，聯日排法，不過奴隸易主而已，結果[illegible]事，只有中國纔能援助越民獨立，故「聯華抗日排法獨立」[illegible]的正道，我們[illegible]越南同志合作抗日，共同爭取民族的自由，[illegible]年是革命年，韓台越革命同志，應該攜手，共同奮鬥，[illegible]前。

（一九四〇，一二，一八）

谢南光：《台湾革命的现阶段》（三），载《战时日本》第四卷第三、四期合刊

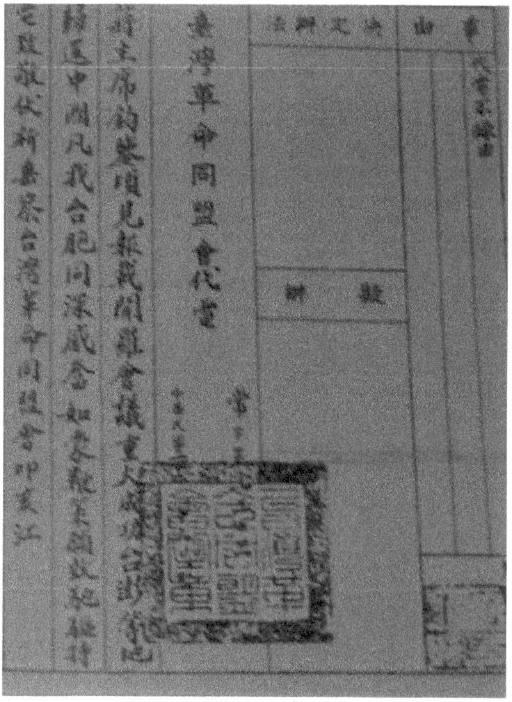

事由	決定辦法	擬辦
[illegible]		

臺灣革命同盟會代電

蔣主席鈞鑒頃見報載開羅會議重大成就台澎[illegible]歸還中國凡我合肥同深感奮 如[illegible]謹電致敬伏祈垂察台灣革命同盟會叩[illegible]江

台湾革命同盟会闻悉开罗宣言，决议将台湾澎湖归还中国，致蒋中正电

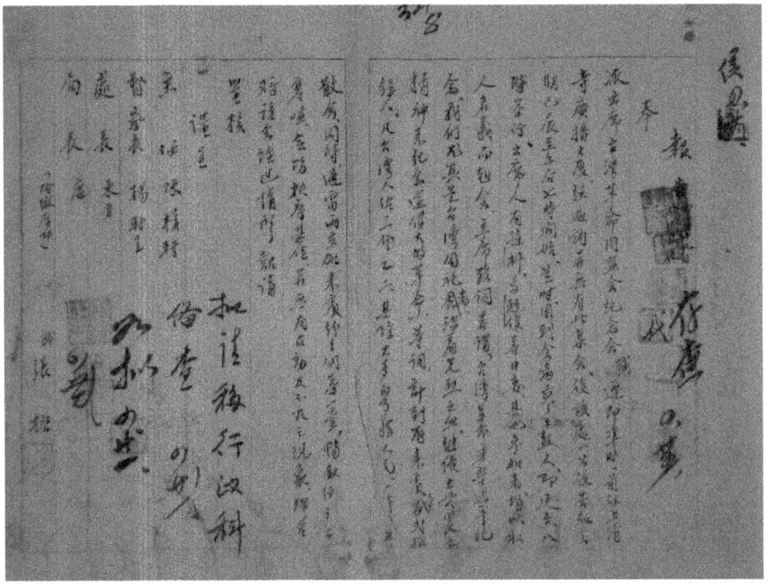

1941 年 4 月台湾革命同盟会于重庆上清寺广播大厦召开纪念会，国民党要员孙科、马超俊等出席，会议气氛热烈。此为警察局派员监督会议后呈交的报告，原档存重庆市档案馆

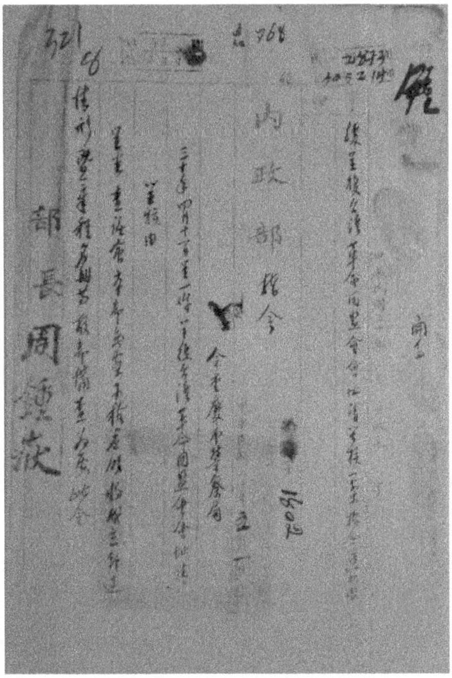

內政部指令

部長周鍾嶽

国民政府内政部要求报送台湾革命同盟会成立经过、章程及名册的函（一）。原档存重庆市档案馆

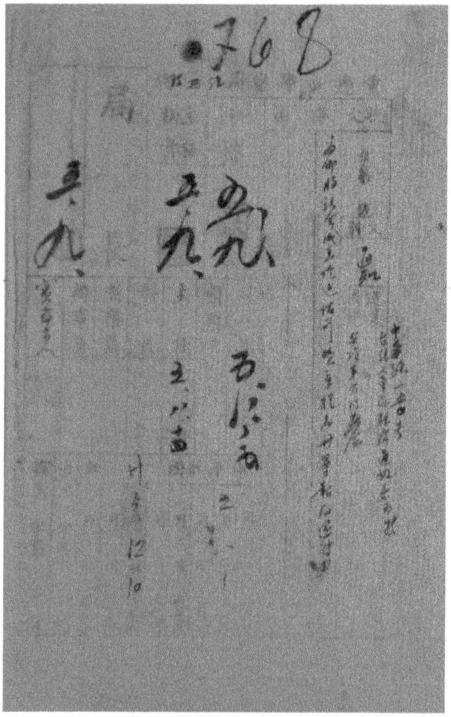

国民政府内政部要求报送台湾革命同盟会成立经过、章程及名册的函（二）。原档存重庆市档案馆

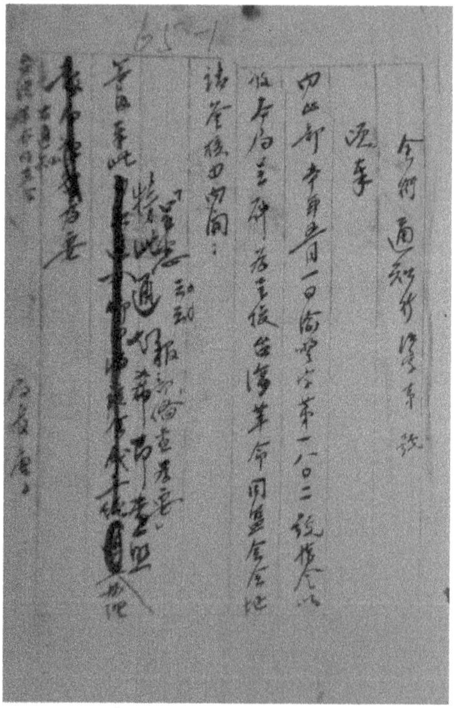

国民政府内政部要求报送台湾革命同盟会成立经过、章程及名册的函（三）。原档存重庆市档案馆

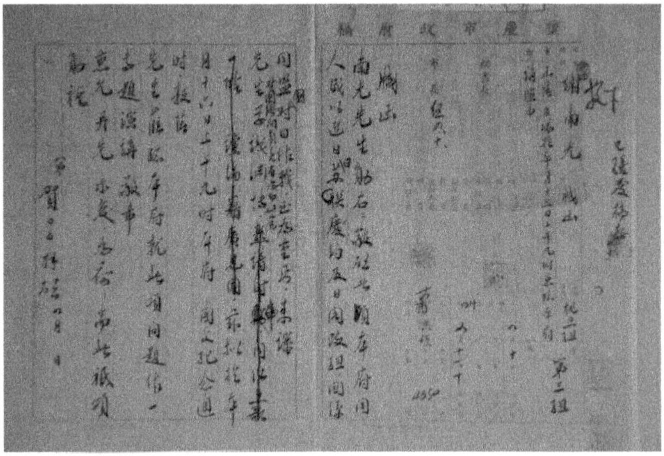

重庆市政府函邀台湾革命同盟会执行主席谢南光于国父纪念周就日本及国际问题发表演讲。原档存重庆市档案馆

新民報

大軍正猛攻明港

我昨晨攻克確山

泌陽附近殘寇肅清

當陽附近激戰

重庆《新民报》1940 年 2 月 10 日头版报道台湾革命同盟会成立消息

新民報
凝聚的偉力
台灣革命團體

重庆《新民报》1940 年 2 月 11 日继续报道台湾革命同盟会成立消息，称其为“凝聚的伟力”

台灣革命同盟
今日成立
劉文輝
明日由蓉返康

重庆《国民公报》1940 年 2 月 10 日报道台湾革命同盟会成立消息

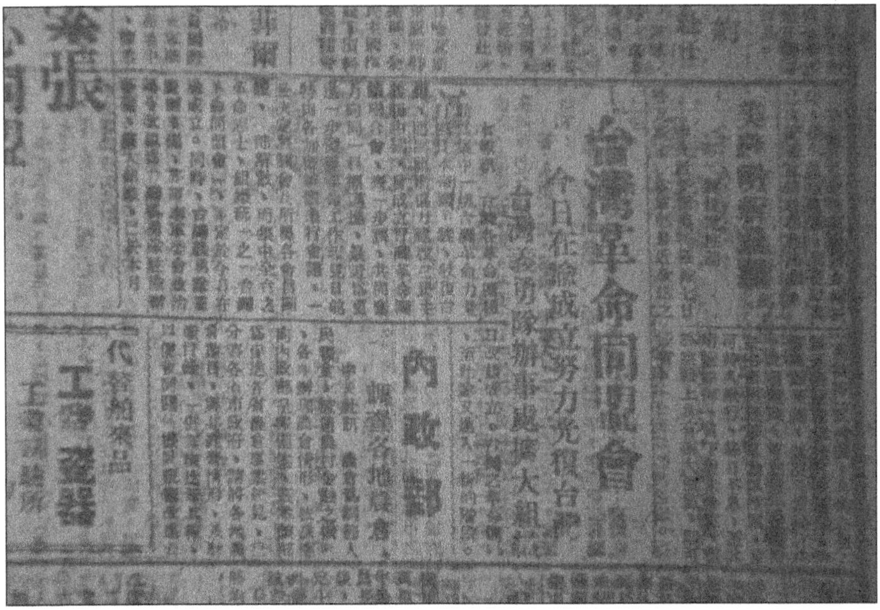

台灣革命同盟會

今日在渝成立努力光復台灣

內政部

重庆《时事新报》1940 年 2 月 10 日报道台湾革命同盟会成立消息

台灣革命同盟會

昨正式成立

集中力量積極收復失地

重庆《时事新报》1940 年 2 月 10 日继续报道台湾革命同盟会成立消息，称台湾革命志士决心“集中力量积极收复失地”

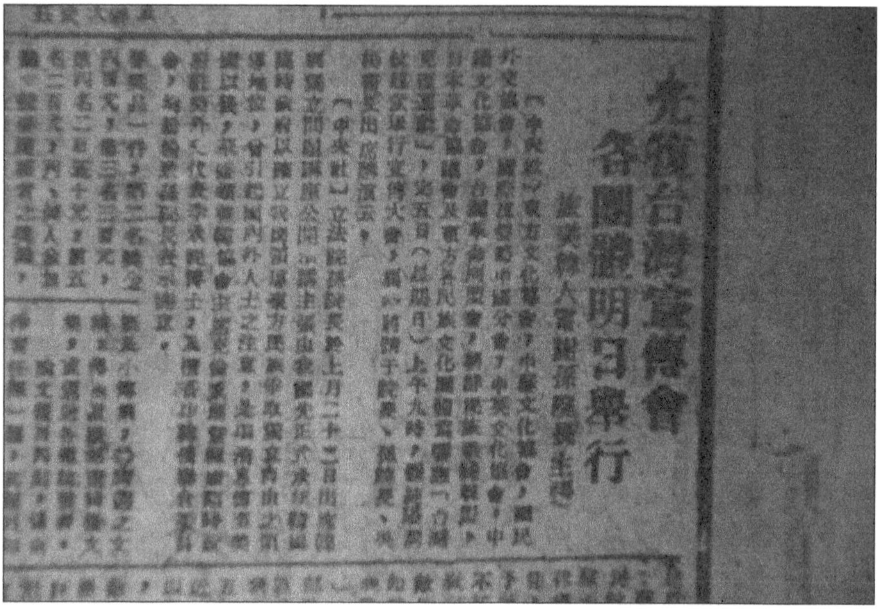
光復台灣宣傳會
各團體明日舉行

重庆各报相继报道台湾革命同盟会举办光复台湾宣传大会情形（一）

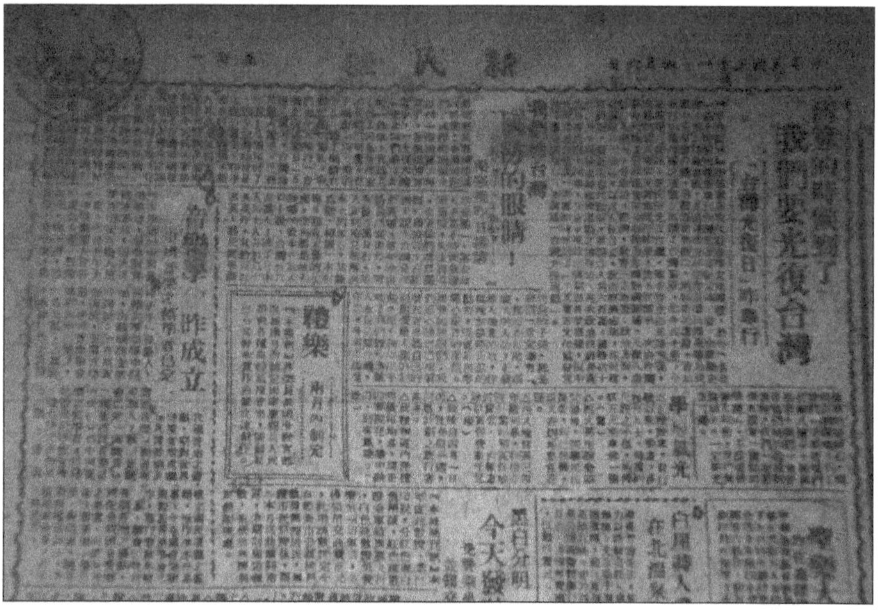
我們要光復台灣

“我们要光复台湾！”重庆各报相继报道台湾革命同盟会举办光复台湾宣传大会情形（二）

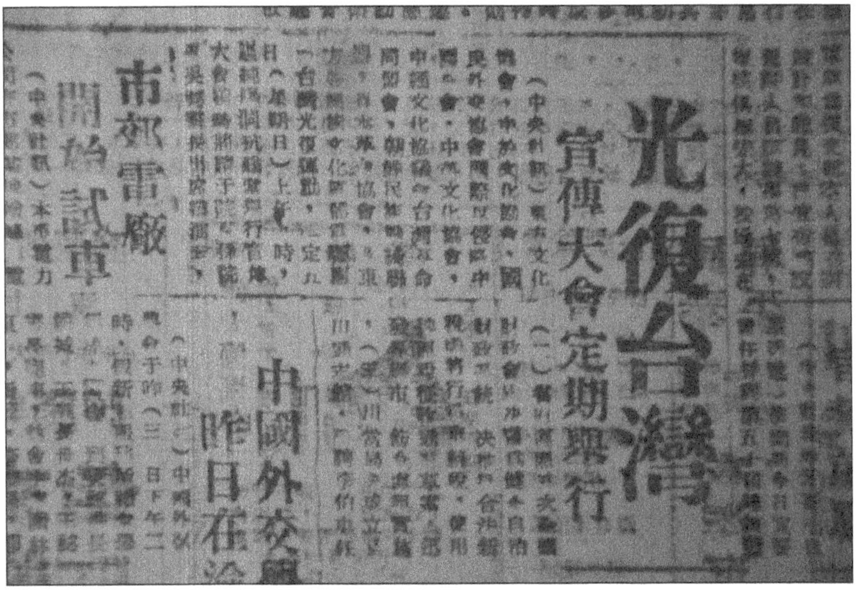

光復台灣
宣傳大會定期舉行

中國外交

市郊雷廠
開始試車

重庆各报相继报道台湾革命同盟会举办光复台湾宣传大会情形（三）

「光復台灣！」
陪都各文化團體
昨舉行宣傳大會

中國抗戰必勝
台灣光復必成

重庆《新民报》1942 年 4 月 6 日报道台湾革命同盟会“台湾光复日”宣传活动，高呼“清算的时候到了，我们要光复台湾”。林友鹏用闽南语发表广播讲话，宣誓“中国抗战必胜，台湾光复必成”

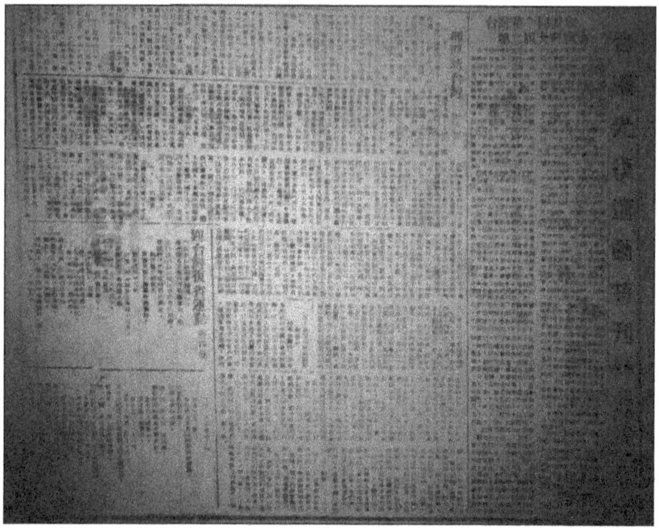

1942年4月5日重庆《商务日报》整版刊载“台湾光复运动特刊”，刊登的文章有《台湾革命同盟会第二届大会宣言》；林友鹏：《挥泪话台湾》；张西曼：《迎台湾复省运动》。宣传“台湾革命必定是成功的，并且必定回归宗主国的”

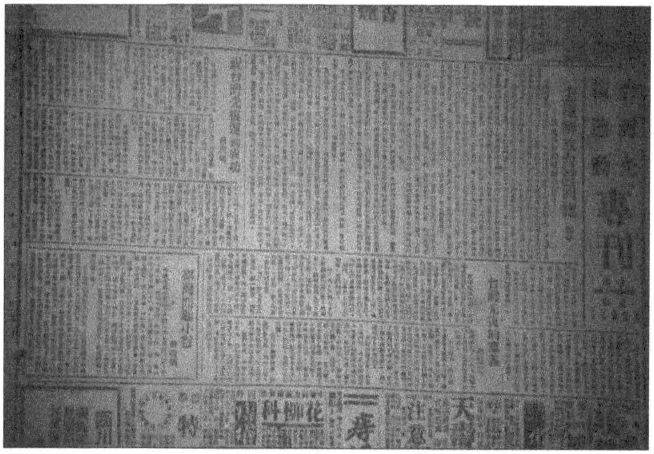

1942年4月6日重庆《国民公报》刊载整版“台湾光复运动专刊”，刊载的文章有：刘峙《怎样解放台湾同胞——为光复台湾运动而作》；吕民魂《祝台湾光复运动成功》；孙秉乾《台湾光复的意义》；翁俊明《台湾问题小言》。其间提出：“光复台湾应该是全民族抗战工作中的一部分，凡属中华儿女对于光复台湾皆有不容卸免的责任。”

台灣光復運動專刊

謹以岳武穆還我河山之名言祝台灣光復運動之成功　潘公展

收復台灣與遠東和平

六十年來台灣抗日血債錄　林海濤

1942 年 4 月 5 日重庆《时事新报》整版刊载“台湾光复运动专刊”，刊登的文章除《台湾革命同盟会第二次大会宣言》外，还有潘公展：《谨以岳武穆还我河山之名言祝台湾光复运动之成功》；李友邦：《收复台湾与远东和平》；林海涛：《六十年来台湾抗日血债录》

太平洋作戰會議
下週再召開大會
社論
還我台灣！
作戰困難

1942 年 4 月 5 日重庆《新蜀报》刊登社论《还我台湾》，指出：“台湾根本是中国的领土，台湾人本来就是中国人，中国应当收复台湾实在是极自然、当然而又必然的事。”他们振臂高呼：“抗战一定要抗到收复台湾才算底！中国人人人应当有此决心，有此抱负。”

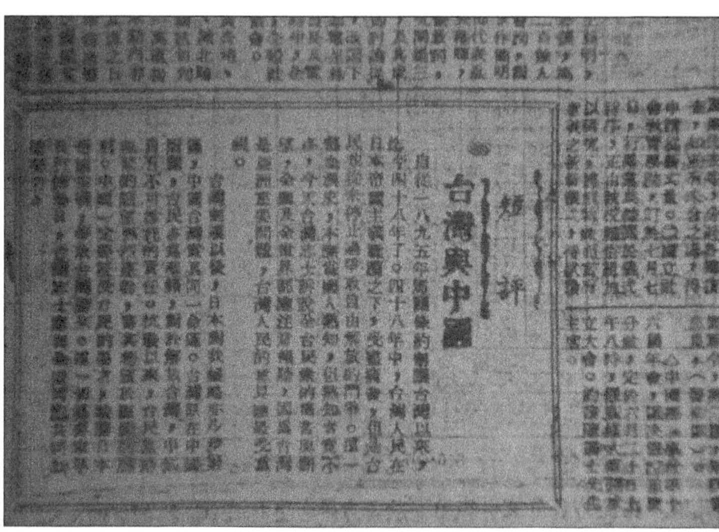
短評
台灣與中國

重庆《新蜀报》1943 年 6 月 17 日刊登短评《台湾与中国》，指出：“台湾原在中国版图，台民多为华籍，对于解放台湾，中国自有不可推托的责任。”

台灣歸來！

1942 年 4 月 5 日重庆《新民报》发表社评——《台湾归来》，社评写道：“台湾是我们国土之一部，台人是我们同胞。”“现在是宣告台湾归来的时候了。”“我们希望国人从此认清台湾是我们的，时时以满腔热情，期待台湾同胞之奋起归来！”

新民報

太平洋大戰將起

寇宣稱決採攻勢

倭發言人謂已集中海軍船隻

同盟國準備應付

川更調七縣長

我猛攻萊蕪

社評 收復台灣！

緬西英軍推進

阿拉甘區佔新陣地

中英美蘇合組

戰後國際機構

英宣布重要計劃

星期音樂會

1943 年 4 月 17 日重庆《新民报》刊发社评——《收复台湾!》，呼吁：“收复台湾必须正式列入我们抗战的目标之内”，“中日宣战之后，台湾的地位已与东四省以及其他沦陷区的地位一样。单说抗战的目的在收复失土，我们认为政府应正式宣布台湾为失土之一部，并给台湾同胞以国内的待遇。”

我懷台灣

一律被召回國

国民党中执委覃振在光复台湾宣传大会上发表《我怀台湾》演讲，回顾台湾与祖国的历史渊源关系，呼吁支持台湾人抗日团体的光复活动，他感慨道：“我们已经忍受了快到三十个年头了，现在才能够公开提出台湾克复的号召，这真是谈何容易！”（载重庆《新蜀报》1942 年 4 月 15 日）

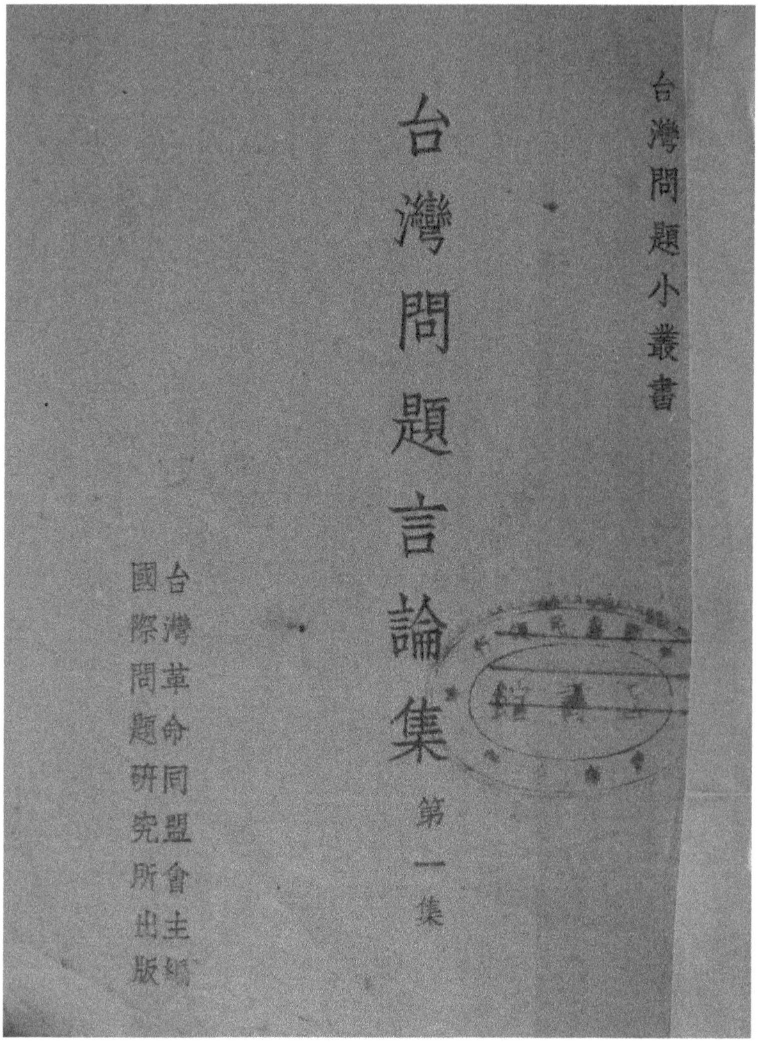

台湾革命同盟会主编、国际问题研究所出版：《台湾问题言论集》（第一集）（非卖品），重庆1943年10月10日出版

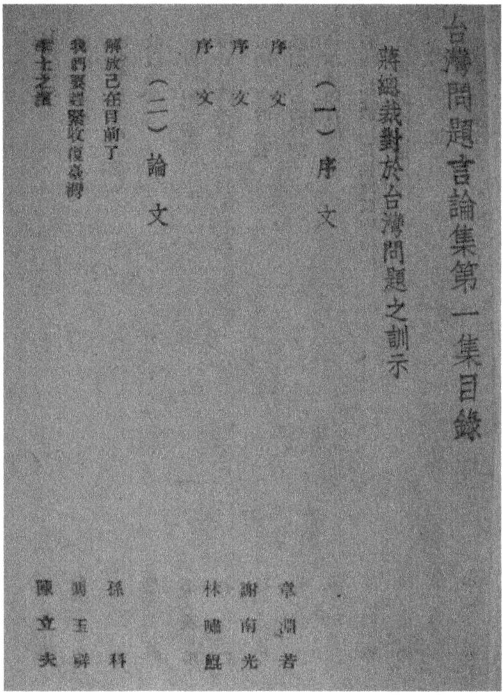

台灣問題言論集第一集目錄

蔣總裁對於台灣問題之訓示

（一）序文

序文　章渊若

序文　謝南光

序文　林嘯鯤

（二）論文

解放已在目前了　孫科

我們要趕緊收復臺灣　馮玉祥

寸土之[illegible]　陳立夫

《台湾问题言论集》（第一集）目录（一）

《台湾问题言论集》（第一集）目录（二）

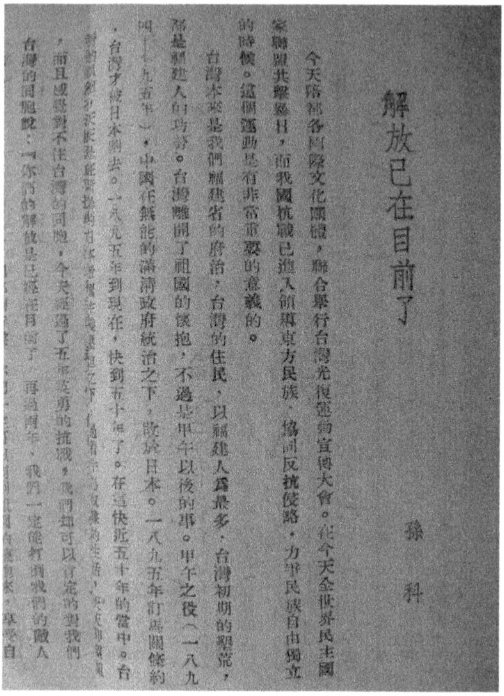

解放已在目前了

孫科

今天陪都各國際文化團體，聯合舉行台灣光復運動宣傳大會。在今天全世界民主國家聯盟共舉聲日，而我國抗戰已進入領導東方民族，協同反抗侵略，力爭民族自由獨立的時候。這個運動是有非常重要的意義的。

台灣本來是我們福建省的府治，台灣的住民，以福建人爲最多，台灣初期的墾荒，都是福建人的功勞。台灣離開了祖國的懷抱，不過是甲午以後的事。甲午之役（一八九四——一八九五年），中國在無能的滿清政府統治之下，敗於日本。一八九五年訂馬關條約，台灣才被日本割去。一八九五年到現在，快到五十年了。在這快近五十年的當中，台[illegible]

[illegible]，而且感覺對不住台灣的同胞，今天經過了五年英勇的抗戰，我們卻可以肯定的對我們台灣的同胞說：「你們的解放是已經在目前了。再過兩年，我們一定能打倒我們的敵人[illegible]

孙科：《解放已在眼前了》

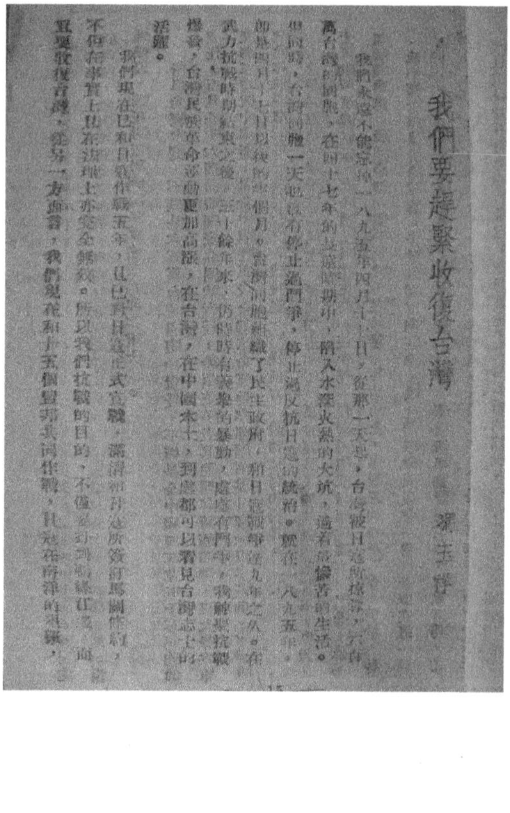

我們要趕緊收復台灣

馮玉祥

我們永遠不能忘掉一八九五年四月十七日，從那一天起，台灣被日寇所[illegible]，六百萬台灣的同胞，在四十七年的長期[illegible]中，陷入水深火熱的大坑，過着最慘苦的生活。但同時，台灣同胞一天也沒有停止過鬥爭，停止過反抗日寇的統治。就在一八九五年，即是四月十七日以後的[illegible]個月，台灣同胞組織了民主政府，和日寇戰爭達九年之久。在武力抗戰時期結束之後，三十餘年來，仍時時有義舉的暴動，處處有鬥爭，我們要抗戰爆發，台灣民族革命運動更加高漲，在台灣，在中國本土，到處都可以看見台灣志士的活躍。

我們現在已和日寇作戰五年，且已對日寇正式宣戰，滿清和日寇所簽訂馬關條約，不但在事實上也在法理上亦完全無效。所以我們抗戰的目的，不僅要打到鴨綠江邊，而且要收復台灣。從另一方面看，我們現在和十五個盟邦共同作戰，且和在南洋的[illegible]

冯玉祥：《我们要赶紧收复台湾》

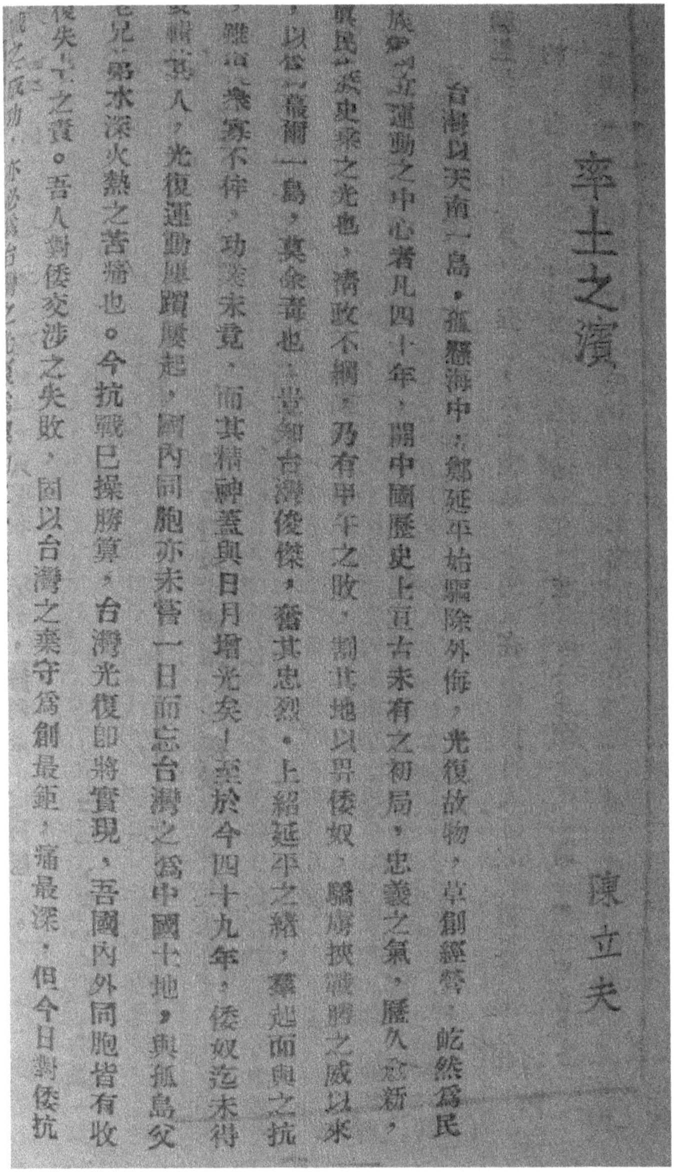

率土之濱

陳立夫

台灣以天南一島，孤懸海中，鄭延平始驅除外侮，光復故物，草創經營，屹然爲民族鬥爭運動之中心者凡四十年，開中國歷史上亘古未有之初局，忠義之氣，歷久彌新，實民族史乘之光也，清政不綱，乃有甲午之敗，割其地以畀倭奴，驕虜挾戰勝之威以來，以蕞爾一島，莫余毒也，豈知台灣俊傑，奮其忠烈，上紹延平之緒，羣起而與之抗，雖治亂衆寡不侔，功業未竟，而其精神蓋與日月增光矣！至於今四十九年，倭奴迄未得安輯其人，光復運動屢蹶屢起，國內同胞亦未嘗一日而忘台灣之爲中國土地，與孤島父老兄弟水深火熱之苦痛也。今抗戰已操勝算，台灣光復即將實現，吾國內外同胞皆有收復失土之責。吾人對倭交涉之失敗，固以台灣之棄守爲創最鉅，痛最深，但今日對倭抗戰之成功，亦必以台灣之光……

陈立夫：《率土之滨》

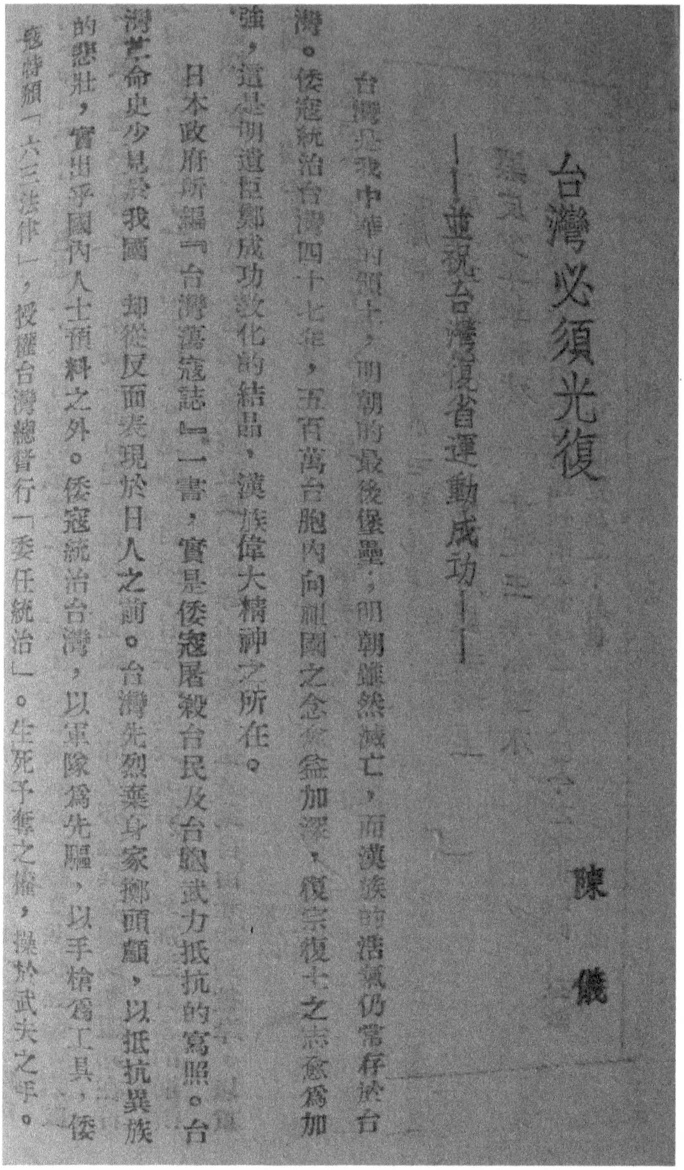

台灣必須光復

——並祝台灣復省運動成功——

陳儀

台灣是我中華的領土，明朝的最後堡壘；明朝雖然滅亡，而漢族的浩氣仍常存於台灣。倭寇統治台灣四十七年，五百萬台胞內向祖國之念愈益加深，復宗復土之志愈爲加強，這是明遺臣鄭成功教化的結晶，漢族偉大精神之所在。

日本政府所編「台灣蕩寇誌」一書，實是倭寇屠殺台民及台胞武力抵抗的寫照。台灣革命史少見於我國，却從反面表現於日人之前。台灣先烈棄身家擲頭顱，以抵抗異族的悲壯，實出乎國內人士預料之外。倭寇統治台灣，以軍隊爲先驅，以手槍爲工具，倭寇特頒「六三法律」，授權台灣總督行「委任統治」。生死予奪之權，操於武夫之手。

陈仪：《台湾必须光复——并祝台湾复省运动成功》

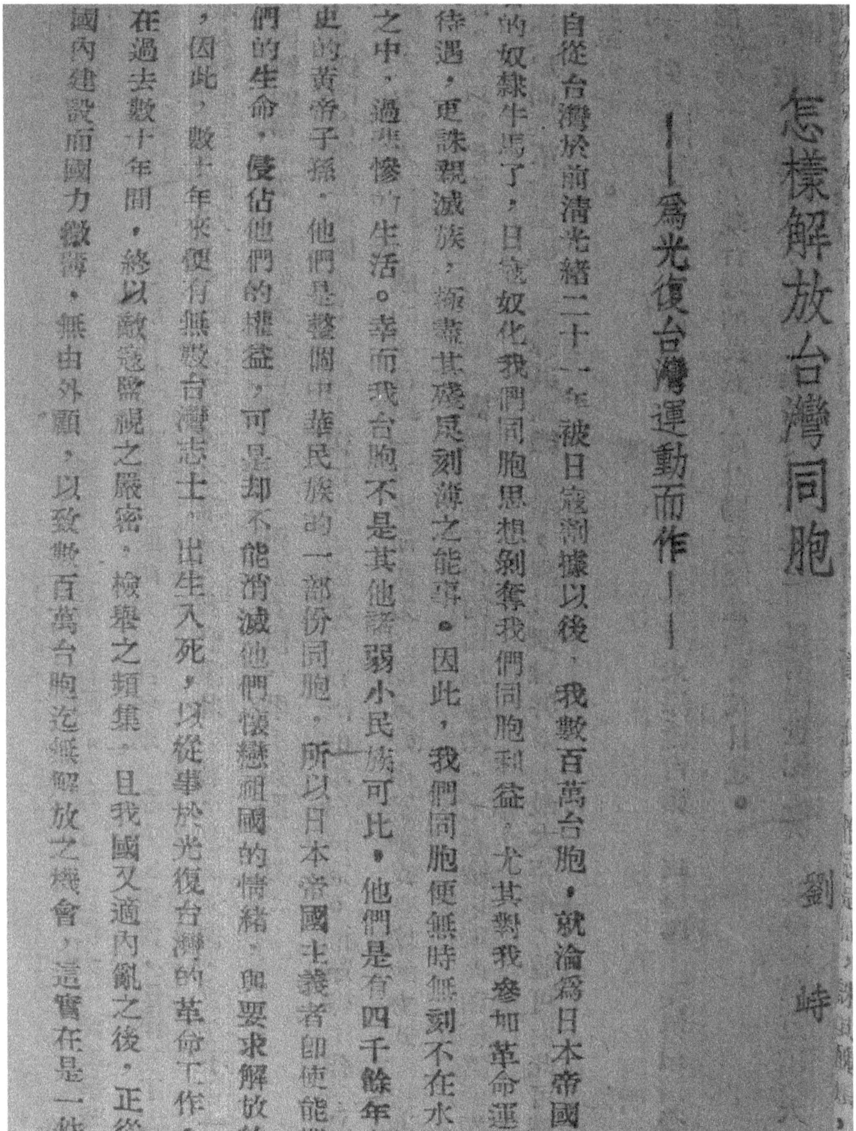

怎樣解放台灣同胞

——爲光復台灣運動而作——

劉峙

自從台灣於前清光緒二十一年被日寇割據以後，我數百萬台胞，就淪爲日本帝國主的奴隸牛馬了，日寇奴化我們同胞思想剝奪我們同胞利益，尤其對我參加革命運動待遇，更誅親滅族，極盡其殘忍刻薄之能事。因此，我們同胞便無時無刻不在水深之中，過其慘苦的生活。幸而我台胞不是其他諸弱小民族可比，他們是有四千餘年文史的黃帝子孫，他們是整個中華民族的一部份同胞，所以日本帝國主義者即使能摧們的生命，侵佔他們的權益，可是却不能消滅他們懷戀祖國的情緒，與要求解放的，因此，數十年來便有無數台灣志士，出生入死，以從事於光復台灣的革命工作。在過去數十年間，終以敵寇監視之嚴密，檢舉之頻集，且我國又適內亂之後，正從國內建設而國力微薄，無由外顧，以致數百萬台胞迄無解放之機會，這實在是一件

刘峙：《怎样解放台湾同胞——为光复台湾运动而作》

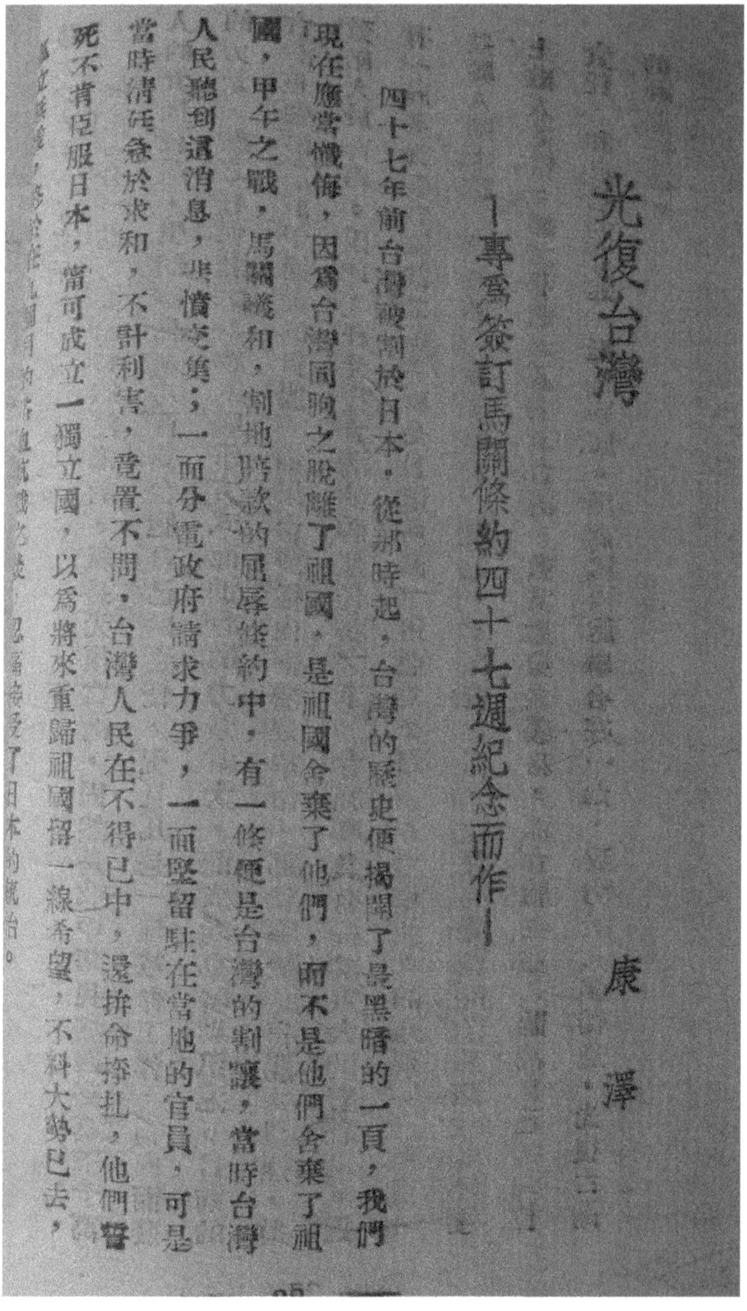

光復台灣

—專爲簽訂馬關條約四十七週紀念而作—

康 澤

四十七年前台灣被割於日本，從那時起，台灣的歷史便揭開了最黑暗的一頁，我們現在應當懺悔，因爲台灣同胞之脫離了祖國，是祖國舍棄了他們，而不是他們舍棄了祖國，甲午之戰，馬關議和，割地賠款的屈辱條約中，有一條便是台灣的割讓，當時台灣人民聽到這消息，悲憤莫名；一面分電政府請求力爭，一面堅留駐在當地的官員，可是當時清廷急於求和，不計利害，竟置不問，台灣人民在不得已中，還拚命掙扎，他們誓死不肯臣服日本，當可成立一獨立國，以爲將來重歸祖國留一線希望，不料大勢已去，終歸失敗，多少[illegible]之後，忍痛接受了日本的統治。

康泽：《光复台湾——专为签订马关条约四十周年纪念而作》

台灣民聲報

五月十六日出版

發行人 李萬居

主編 連震東

出版者 台灣革命同盟會

第三期

台灣革命同盟會電賀國民黨六全代會開幕

國際託治與台灣

台湾革命同盟会刊物——《台湾民声报》，发行人：李万居；主编：连震东。重庆市图书馆藏。谢东闵在该报第三期发表：《国际托治制与台湾》

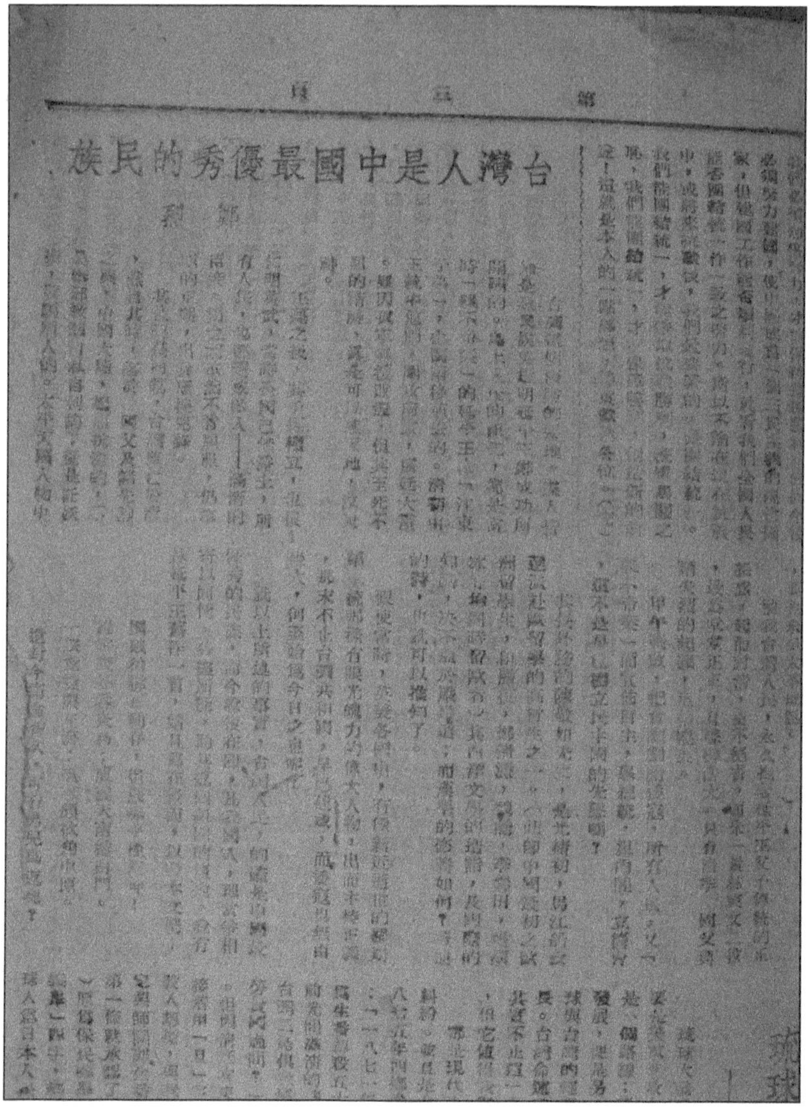

第五頁

台灣人是中國最優秀的民族

鄭烈

郑烈：《台湾人是中国最优秀的民族》（载《台湾民声报》第三期）

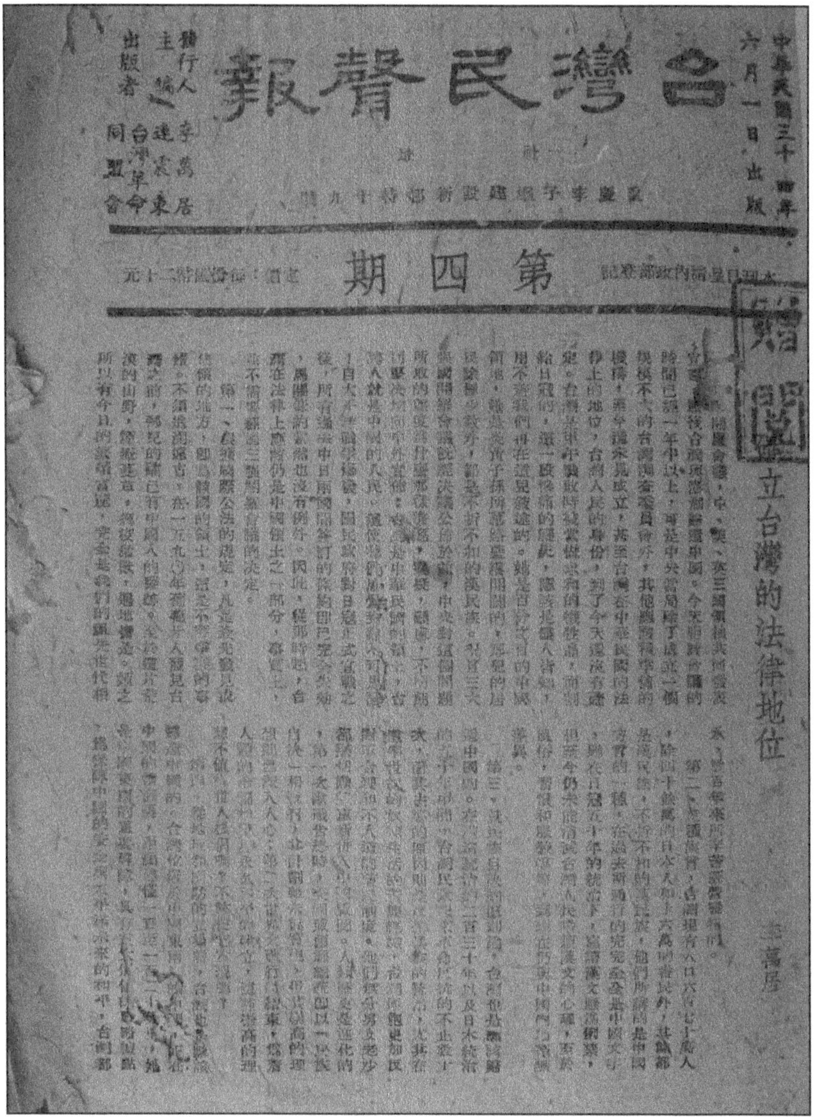

中華民國三十四年六月一日出版

台灣民聲報

發行人 李萬居
主編 連震東
出版者 台灣革命同盟會

第四期

建立台灣的法律地位

李萬居

李万居发表《建立台湾的法律地位》（载《台湾民声报》第四期）一文，痛切指出：“开罗会议，中、美、英三国领袖共同发表宣言，战后台湾与澎湖归还中国，今天距该会议的时间已经一年半以上，可是中央当局除了成立一个规模不大的台湾调查委员会外，其他应该积极准备的机构，至今还未见成立，甚至台湾在中华民国的法律地位，台湾人民的身份，到了今天还没有确定。”呼吁祖国政府加以重视

台灣民聲報

半月刊

六月十六日出版

發行人 主編 李萬居

出版者 台灣革命同盟會

第五期

台灣淪陷五十週年紀念感言 李萬居

台灣淪陷五十週年紀念特輯

《台湾民声报》第五期设台湾沦陷五十周年纪念专辑，李万居发表：《台湾沦陷五十周年纪念感言》

台灣民聲報

半月刊

The Voice of Formosa

Semi-monthly

Publisher: The Formosan Revolutionary League

社址：重慶李子壩建設新邨特十九號

發行人 李萬居

主編 連震東

出版者 台灣革命同盟會

七月十六日出版

第七期

定價：每份國幣二十元

已呈請內政部登記

如何安置來歸的台灣青年

李萬居

李万居：《如何安置来归的台湾青年》（载《台湾民声报》第七期）

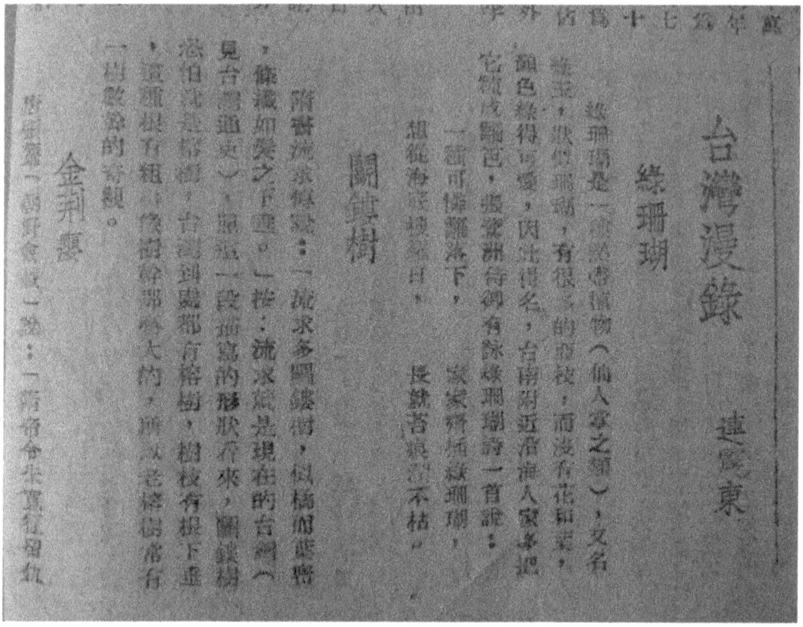

台灣漫錄　連震東

綠珊瑚

綠珊瑚是一種熱帶植物（仙人掌之類），又名綠玉，狀似珊瑚，有很多的密枝，而沒有花和葉，顏色綠得可愛，因此得名，台南附近沿海人家多把它植成籬笆，張靈洲詩有詠綠珊瑚詩一首說：

「家家簷插綠珊瑚，一種可憐籬落下，想從海底[illegible]日，長[illegible]不枯。」

關鏤樹

隋書流求傳說：「流求多鬭鏤樹，似橘而葉密，條纖如髮之下垂。」按：流求就是現在的台灣（見台灣通史），照這一段描寫的形狀看來，鬭鏤樹恐怕就是榕樹，台灣到處都有榕樹，樹枝有根下垂，這種根有粗有細，像樹幹那麼大的，所以老榕樹常有一樹數幹的奇觀。

金[illegible]

[illegible]

连震东：《台湾漫录》

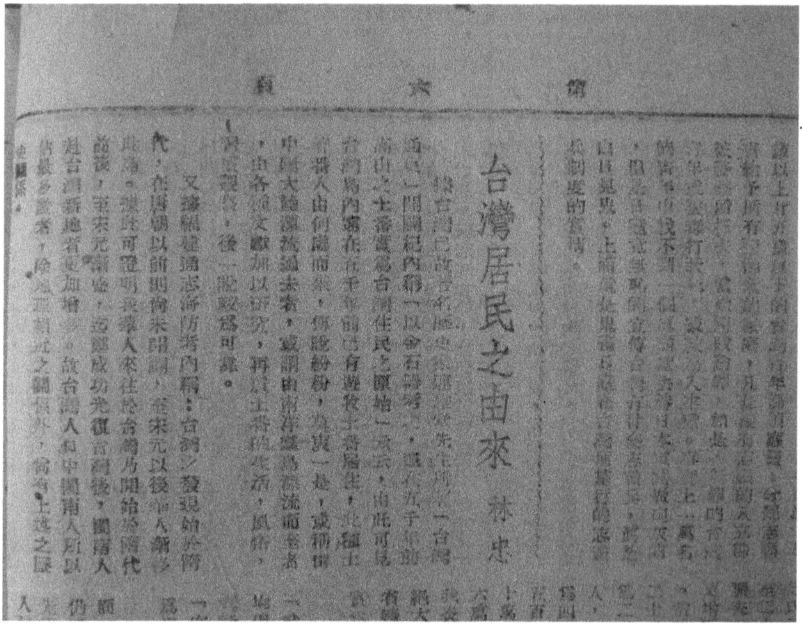

台灣居民之由來　林忠

[illegible]

林忠：《台湾居民之由来》

＊资料＊

台湾革命团体联合会成立宣言

——民国二十九年三月二十九日

台湾独立革命党、民族革命总同盟为集中力量，加紧推动台湾革命运动响应祖国抗战，谨择于我民族革命史上具有重大意义之黄花岗纪念日，结成台湾革命团体联合会，兹当成立之初，特将吾人之认识与决心，昭告于中外父老之前：

台湾原为中国本土之一部，甲午战后割于日本，五百余万台胞，从此沦为日本帝国主义之奴隶牛马，屠杀欺凌，任其所欲，台胞为求解放，四十余年来前仆后继，革命运动未尝一日或懈。七七事变后，更闻风响应，炸矿山，焚油池，毁铁路，以英勇之行动，牵制敌军于台湾之内；组义军，兴生产，施医疗，以必死之决心，驰骋于祖国战场之上，盖以台湾旧种族而言，均于祖国有不可分之关系，祖国抗战与台湾革命乃一物之两面，非相辅为用，不足以速其成也。诚申论之：台湾为日本帝国主义之南进根据地，就目前而论，台湾安定，倭寇则无后顾之忧，自可放胆进攻我闽粤各地，进而窥伺南洋群岛。但如台湾革命普遍发展，则倭寇之侵略政策，势必遭受重大打击。故加紧推动台湾革命，对于祖国抗战，实有莫大之帮助。就将来而论：中国欲保持强盛于久远，必须完成海上国防之建设，而闽粤海岸即成为我海上国防之重点；闽之厦门，粤之琼崖，台湾之澎湖，适互为犄角，而扼我海上交通之咽喉。至澎湖早已沦于倭寇掌握中，倘不收回，即海上国防必成残缺不全之局；欲收回澎湖，即非使台湾脱离日本帝国主义羁绊不为功。再就台湾革命立场言之：台湾为一绝海孤岛，被倭寇宰割垂半世纪，欲求自由解放，固须依赖台湾同胞之精诚团结与艰苦奋斗，但日本革命势力之赞襄与祖国之积极援助，亦为不可缺少之要件。

由此可知，中国欲速获最后胜利，而保持国家之强盛于久远，必须援助台胞重获自由解放，台胞欲变奴为主，亦必须协助祖国抗战，其理明矣。

根据上述认识，台湾独立革命党、民族革命总同盟誓愿精诚团结，群策群力，为促成祖国抗战胜利，台胞自由解放而携手奋斗，日月如梭，良机不再，吾人决以三民主义及抗战建国纲领为今后运动之总则，在我民族领袖蒋委员长领导之下，集中一切台湾革命势力，推翻日本帝国主义在台湾之统治，争取台湾同胞之自由解放。同时加紧动员台胞，扩充台湾义勇队，协助祖国英勇将士，驱逐倭寇出中国，惟吾人深感责重力薄，切望台胞奋起合作，中外父老随时指导，以辅其成。即台湾幸甚，中国幸甚矣！谨此宣言，台湾革命团体联合会。民国二十九年三月二十九日。

（《台湾先锋》1940 年第 2 期）

台湾革命同盟会成立宣言

——民国三十年二月九日

台湾独立革命党、台湾民族革命总同盟、台湾青年革命党、台湾国民革命党、台湾革命党等五团体，前为集中力量共同奋斗，打倒日本帝国主义，俾早日完成革命大业，曾于去年三月结成台湾革命团体联合会，作为统一之初阶。兹经各党代表会议议决解散台湾革命团体联合会及所属各团体，成立台湾革命同盟会，统一台湾革命战线，增强抗敌力量。爰将吾人所怀之愿望与目的昭告于台湾同胞，祖国父老及国际人士之前。

夫台湾自隋以来即为中华领土之一部分，凡百事业无一非吾先民之所手创，明末郑成功且曾率领忠臣义士，据此以抗异族，为人间存一正气；迨甲午之役，马关条约成立，清廷割地求和，数百万忠贞优秀民族遂沦为日寇铁蹄下之奴隶矣！四十余年来，台民虽被幽禁于暗无天日之孤岛中，然此心则无时不眷念祖国，然对日寇之残酷压迫与凌辱，咸抱不共戴天之仇，誓与暴日偕亡，故前后武力抗战达数十次之多，为谋解放失地，为台湾革命而牺牲者不下五十万人，前仆后继，百折不挠，其壮烈之事迹诚可动天地泣鬼神！

惟台湾孤悬海中，以往先烈孤军苦斗，既乏精锐武器，又缺外力奥援，致壮烈抗争，每次功败垂成。自祖国发动民族神圣抗战以来，吾台湾六百余万民族莫不感奋庆宁，有志之士，或奔归祖国，效命疆场，残彼顽寇，以前雪不世之仇，或潜伏活动与组织，冀一旦时机成熟，而与祖国军事相呼应，予敌寇以致命打击。吾人咸认祖国与台湾在抗战建国上有不可分离之密切关系，祖国抗日胜利，固为台湾民众解放之唯一要素，而台湾革命运动，对祖国抗战亦不能谓无裨益，当此太平洋波涛汹涌，阴霾弥漫之际，台湾所处之地位尤为重要，深望台湾同胞一致乘时奋起，光复失土，同时恳切期待祖国父老兄弟及国际人士予以指导及赞助！

本同盟会之成立乃为谋台湾革命力量之集中与斗争阵线之统一，今后更当将此精神及运用本会之宗旨与纲领，站于青天白日旗之下，万众一心，戮力与日本帝国主义者作殊死战。祖国既不以台湾为弃地，且未视台湾人为化外之民，愿吾台湾内外五百余万民众敌忾同仇，一致执戈奋起，归依祖国，服从领袖之领导，协助抗建大业，打倒共同敌人，以争取台湾民众之解放自由，吾人更愿与东方各弱小民族及日本反侵略之革命民众携手，共同奋斗，打倒日本帝国主义，重建远东之和平秩序，不达目的，誓不停止！谨此宣言。

（《台湾问题言论集》，第一集，第 101—103 页）

台湾革命同盟会第三届代表大会宣言

自本会第二届大会以来，国际情势已有很大的变化，战局也已完全改变，即在欧洲之意大利退出战争，苏德战场纳粹匪军继续惨败，苏联已接近于光复全部领土。太平洋方面，倭寇失掉了进攻力量，其在海上的前进基地相继失守，联合国家取得主动地位，并已从各处积极反攻，战争前途虽尚有许多困难，惟胜利之局势已成，距战争结束已为期不远，故各国当局一面加紧作战，一面准备战后复兴计划。我们台湾受倭寇四十八年的奴役统治，现在已届决定命运、回复自由、复归祖国之重要时期，在这时期中，我们应有坚强的主张，尤其不可无充分的准备。此时，本会召开第三届代表大会，我们革命的客观任务，首先在主观上要健全自己，本届会议一致认为健全自己的重要，坦白检讨过去的缺点，争取最后的胜利，并决定将我们的主张宣明于社会，我们的革命目标简单明了，即打倒日本帝国主义、拥护祖国抗战、要求光复台湾，期望在民主中国版图之内，使台湾民众遵奉三民主义建设自由平等、进步康乐的新台湾，我们知道这是艰难困苦的事业，虽逢国际大变，日本必倒，但到理想台湾道路并非平坦，我们不能放弃责任，相信乐天，我们应该统一组织，有计划、有步骤、有准备，为我们的父母家乡尽最后的努力，以台湾的自由解放，献祭于五十年来所牺牲先烈的灵前。我们应该预告在日寇桎梏下的岛内同胞，祖国中枢已宣布决心收复台湾，五十年来的血债就要清算，台湾一日未复，中国抗战的目的也一日未完全达到，我岛内六百余万同胞，须觉醒自己地位及责任，无论在田园，在工厂，在军队，在铁路轮船，都要运用自己的岗位，打击敌人，加强自己的力量，随时配合战局的发展，相机崛起，驱逐万恶的倭寇，要知岛内同胞多尽一分力量，祖国即减少一分牺牲，这是我们的责任。其次，祖国决于战事结束后的一年内召开国民大会，实施宪政，并设立宪政实施协进会，协助筹宪工作，这里应告诉台湾同胞，我们台湾自一九一八年启发会成立以来，即以“打倒总督专政”为口号，发起民主政治运动，一九二一年又开始台湾议会设立运动，虽当时环境不同，目标有限，而对于宪政的政治训练，以及地方自治的组织能力，台湾同胞是有丰富的经验的，现在祖国的宪政将与胜利同时带进台湾，这使我们加倍兴奋，同时也使我们的责任加重，为迎接这光明的前途，我们必须倾注全力，妥为绸缪，战争一旦结束，收复台湾的工作千头万绪，祖国的政府也须有所准备，绝对不可怠慢忽略。因此，我们希望祖国政府对台湾正名，一新视听，从速设立台湾省政府，设立台湾武装部队，添设台湾参政员，整备政制及军制，用以确立台湾政治地位，为收复台湾作具体的措施，一则鼓励岛内台胞的内向，二则纠正国际上的错误观念。凡事预则立，如此可无临时慌张及节外生枝之弊。未来世界欲消灭战争，树立世界普遍而永久的和平，各民族生存及其自由，必须予以尊重，战后任何国家若再统治其他民族，剥削异族的自由及生存的权力，不问有何种惑人的口实，都无非是帝国主义的再生，要负第三次世界大战祸首的责任，由大西洋宪章演至二十六国宣言，民族自决的理想，已为全世界反侵略国家的共同信条，依据各民族有选择赖以生存的政府的原则，我们代表台湾人向全世界宣言，我们决定归回中华民国，要求台湾归回其祖国，这种神圣的请求，联合国家应本签字于二十六国宣言的义务及伟大的政治理想，而对我们寄以同情及援助，同时世界被压迫民族所有解放的委求，我们也都愿意给以亲切的同情与最大的援助，特此宣言。

大中华民国三十二年十一月二十八日

台湾革命同盟会印

台湾中国国民党中央党史会藏

台湾革命同盟会为马关条约四十八周年纪念宣言

——民国三十二年四月十七日

呜呼！今日何日，岂非马关条约四十八周年纪念日乎，本会除召集在渝同志举行沉重纪念外，敢掬诚为世界人士告曰：我台原为中国领土，六百万之台人，均是黄帝子孙，虽不幸于“一八九五年”之今日，被满清代表李鸿章一纸丧权辱国之马关条约所断送，然台湾人民，始终未肯屈服，故四十八年中台湾革命前赴后继，愈演愈烈，其中可歌可泣之事，实难枚举，如唐景崧建立台湾民主国，余清芳、罗福星之台湾大革命，林圯埔、二林、北埔等处之大暴动，以及现在敌人前后方广泛的进行反日运动等等，均为台人未肯屈服异族之表现，因此，虽穷凶极恶之倭寇，而亦愀然悲语曰，台湾难治。

诚然，暴日统治台湾四十八载，虽不惜用尽种种惨无人道之手段与高度之压力以治台湾人，但结果除大量剥夺台湾人之财务与残忍凶暴奴隶台人之身体而外，实是无一成就，有之，则埋一强烈炸弹于腹心，等待爆发而已，倭寇之无能于兹已可想见。当此太平洋战争展开之时，本会决倾全力，领导台湾健儿，追随同盟国家之后，以摧毁轴心势力，扫灭扶桑恶寇，使世界和平得以早日实现。

惟近来对于战后之台湾问题，或有主张归还中国者，或有主张共管者，或有主张为特别区域者，议论纷纷，莫衷一是，闻罗斯福总统与邱吉尔首相，亦曾论及此事，吾人对此问题，更是切肤之痛，前此曾经本会及在前方各地参加抗战之台湾同志，一再撰文辩正，本会今复郑重声明台湾土地原为中国领土，且系郑成功筚路蓝缕所开辟者，台湾人民百分之九十三为中国人，若以土地人民而论，台湾之归还中国，应无疑义，故去年创立大西洋宪章时，颜露尔将军告中国人民书，曾大声疾呼曰："将来大战结束以后，过去日本利用武力以取得之殖民地，应一律脱离日本之桎梏，朝鲜应使独立，满洲及台湾，中国人达全人口百分之九十五，自应归还中国。"此种正确理论，当为吾人所爱戴，且台湾革命起自满清，迄至今日，其中心思想，则为排除异族，倭寇之所谓台湾难治者，则因台人具有伟大坚强之民族革命精神也。台湾一日不能获得民族自由解放，则台湾革命将无止期，台湾革命倘无终止之日，则东亚已无和平可言，遑论世界和平。本会深望世界有识之士，为使实现世界和平，必须一致主张战后台湾应即归还中国，而本会领导台湾革命方针，素以归宗祖国为中心，今后尤为坚决本此方针而努力，无论任何异族统治台湾，均为吾人所反对，誓必反抗到底，虽再牺牲百万头颅，十年岁月，亦必争得民族之自由解放，今当马关条约四十八周年纪念日，本会同志于悲惨痛恨之余，特此宣言。

（《台湾问题言论集》，第一集，第108—110页）

台湾革命同盟会为纪念“六一七”台湾沦陷日宣言

——民国三十二年六月十七日

六一七纪念日是什么日子？

是日本帝国主义在台湾开府设治，开始以政治方式鱼肉我六百万同胞的日子。我台湾同胞及先烈曾不断的起来抗敌反帝，不愿屈服异族的统治，但从这日起，他们就孤悬海中，无依无援地过着殖民地的生活了。在中国抗战六年的今天来回忆这惨痛的国耻纪念日，百感丛生，我们台湾人，被中华民族抛弃了的儿子，对此日，尤其伤心与慨叹，不禁欲言。

民族的生存和自由是不可分割的，为什么我们没有选择我们赖以生存的政府的权力，我们台湾人坚决主张台湾应重新归还其母国——中华民国，台湾同胞希望在中国民国政府的统治下，奉行三民主义，我们身上流着的是中华民族的血，我们要求尊重人民意志的民权，我们信仰民主主义，同时我们欲以诚恳的态度，请求同盟国各国政府根据大西洋宪章及二十六国宣言，待遇台湾，以解决战后的台湾问题，即请求援助我们达到复归中华民国的目的，解除我们四十八年来的奴隶生活，让我们有机会参加建设自由平等互助的新世界。现今国际中尚有若干人士主张于战后国际共管台湾，这种思想不问其动机是善意抑恶意，事实上乃帝国主义残留形式，违背大西洋宪章，无视公理与正义，我们台湾人必以反对日本帝国主义的态度，来反对这种思想及这种措置，我们不愿做一个主人的奴隶，更不愿做一种奴隶去服事许多主人。

其次今天我们要告诉六百万的台湾同胞，世界战争已渐进入决战的阶段，盟国的胜利已在望，我们台湾的命运，是主是奴，是光荣还是屈辱，似将取决于客观的未来的一瞬间，但我们也要站起来加紧努力，以本身的力量去争取自由解放。凡属台湾人，不论在田园、在工厂、在学校、在敌军运输队、或在敌军中，都要认清目标，就各人的岗位，结成反日的民族阵线，随时随地配合战局的发展，利用敌人内部的变化，作坚强有力的斗争，破坏敌人一切作战机构和作战能力，促成敌人的瓦解，日本的崩溃，就是我们的胜利。此时献身于台湾革命的同志，更要加紧统一意志，集中力量，在祖国，要扩大建省建军运动，建省以准备战后的复员，建军以参加祖国抗战及建设战后的国防，建省建军运动乃光复台湾的一个阶梯，乃引导战后台湾政治走上与祖国桴鼓相应的一个准备，乃实现民族自决，保存民族生命，拥护大西洋宪章的一支力量。

最后请让我们这个被抛弃了的中华民族的儿子，再向祖国陈请，战争愈益接近最后胜利了，祖国对付台湾的政策，也就必须愈益明朗，我们恳切的希望着将台湾编入沦陷省区，设立台湾省政府及军管区的筹备处，作战与复员均须兼筹并顾，使在孤岛内的台湾同胞欢欣鼓舞，权慰其对祖国的思念，增强其对敌人作战的决心。

台湾沦陷四十八年了，光复就在眼前，愿我同志及同胞，踏着先烈的血迹，担起责任，振作精神，为祖国的胜利，为吾人的自由及为子孙的幸福，奋勇前进努力杀敌！

（《台湾问题言论集》，第一集，第111—113页）

纪念“六一七”台湾沦陷四十九周年宣传大纲

——民国三十三年六月十七日

（一）纪念“六一七”的意义

一、台湾沦陷之经过——甲午中日战后，敌寇乘战胜之余威，要求割让台湾，于一八九五年四月十七日签订马关条约。时台湾闻讯，忧愤万状，全台志士乃组织台湾民主国，推台抚唐景崧为临时大总统，刘永福为副总统，丘逢甲为大将军，并在台北设立军政府，高举自卫抗战之义旗。清廷深恐台民的抗日而增加清日间之新纠纷，乃召还唐景崧。但台湾民众，仍在丘逢甲、刘永福将军领导下，继续抗战，除击毙日本讨伐军总台湾司令北自（白）川宫能久亲王外，并予日军以严重打击。然而台湾同胞的英勇抗战终于清廷发出“台抗京危”的电文后，陷入孤立寡援地位，结束牺牲了数十万的生命而归失败。一八九五年六月十七日，倭寇正式在台开始统治，台湾倭寇定是日为“始政纪念日”，同胞则定是日台湾为“耻政纪念日”，以示不忘国土沦陷之意。

二、台湾民众抵抗暴日统治情形——台湾民主国名虽覆亡，而全岛仍在反抗或袭击倭寇，或死守村庄抵抗，继续半年之久，牺牲台胞数十万人，此后自一八九五年至一九〇四年之十年间，台胞继续袭击敌寇，或武装暴动打击敌人，达十九次之多，被惨杀者万余人。又自一九〇七年发动北埔事件，以至一九一五年之台南西来庵事件及噍巴年暴动惨案为止八年间，先后武装袭击敌寇机关及革命暴动等起事凡十余次，牺牲台湾达十余万人，此后由武装暴动之革命方式转入社会政治运动，继续与敌寇作和平之政治斗争。一九二七年之政治大罢工中，因参加而被捕及被杀之各革命政党及团体志士不下万余人。一九三三年雾社大暴动时，熟番花岗一郎领导番人袭击敌人各机关，杀日人数十人，后敌出动陆空军镇压。抗战发生后，对祖国台湾英勇之军事行动感到异常兴奋，台胞复国与反战之空气弥漫全岛，廿六年至廿九年之三年中，先后发生抗拒征调罢工暴动及兵变袭敌之事数十起，予敌寇以致命之威胁。总之，自台湾沦陷以至目前敌人统治之四十九年中，台湾无日不在武装暴动与政治斗争之革命行动中与敌人死拼，为中华民族保持五千年浩然磅礴之正气，树立崇高伟大之中华民族不屈不挠之精神。

（二）纪念“六一七”应有之认识

一、中国与台湾之不可分割性——台湾自有唐开辟以来，汉人即纷纷迁殖该岛，元时设巡检司于澎湖，以治理台湾，明末郑成功率兵抗清，造成光荣史迹，清代设台湾道隶属于福建省。光绪十一年秋，钦差大臣左宗棠奏请台湾设省，光绪十二年始筹设行省。台湾位福建省之东岸，相距仅百余里，人口共六百余万，余日人卅万及各国侨民与生番廿余万外，均为我汉人，根据以上历史地理人口各方面观之，台湾乃我文化久已浸润之土地，为我中华民族生存所必需之领域。

二、敌人之“对岸政策”——敌人自侵占我台湾后，知我民族不易屈服，深感难以统治之苦，因乃改弦易辙，去暴力压制，而代以怀柔之同化政策，以达其统治之目的。然而祖国与台湾历史种族关系之深厚，敌人之同化政策亦难收实效，间乃用“对岸政策”之阴谋来离间祖国与台湾间之感情。即利用台湾莠民与流氓等浪人，群派往我沿海一带，在敌庇护之下，专事走私贩毒，开娼设赌等下流职业，并干杀人放火作奸犯科之无耻勾当，以引起祖国同胞对台湾不良之印象；而同时岛内台胞亦因祖国同胞对彼等之歧视与误会而心灰意冷，殊不知我六百万台胞为黄帝优秀子孙的良善人民，而流氓浪人不过为敌人御用之少数鹰犬耳。

三、台湾地势之重要性——台湾依福建省东岸，两下遥遥相对，仅一衣带水之隔，与海南岛总成中国之双眼，而成国防上之要地。敌人在该岛之台北、基隆设要基，西有马公军港，台南之屏东则设空军据点，构成三角形之指挥站，南侵之根据地军略要点，敌人据此以为封锁中国东南沿海之（地），时人誉之为“一艘不动之航空母舰”，其对军略上之重要可知。

（三）中央收复台湾之决心

台湾不收复，中国将无海防（国防）可言，此为国人一般之感觉。我政府已久具收复台湾之决心，抗战军兴，中央即秘密策动台湾志士进行收复失土之工作，数年以来均在秘而不宣之原则下，埋首精进。三十年十二月八日，太平洋战起。九日我国民政府正式对日宣战，宣言废除中日所签订之一切不平等条约，即明白表示我国抗战之最终目的在收复台湾。三十一年十一月三日我外交部长宋子文氏在陪都招待中外记者席上发表谈话，明言战后也收回东北四省及琉球、台湾。去年三月，总裁在其所著之《中国之命运》一书中明白指出：“台湾、澎湖、东北四省、内外蒙古、新疆、西藏无一处不是保卫民族生存的要塞，这些地方的割裂，即为中国国防的撤除。”至于去年十一月下旬中、英、美三国领袖于开罗会议后，正式发表公报声明：“日本所窃取于中国之领土，例如东北四省、台湾、澎湖群岛等归还中国。”由以上各点可以证明，中央收复台湾之决心，可归还祖国也已获得国际承认而毫无问题了。

（四）纪念“六一七”应有之努力

收复台湾非但是我国抗战取具（最后）之目的，且经我国际上正式承认；然敌寇未（灭?），仍须国人尽最大之努力，始足以赴事功，其应努力之道，约为下列两点：

一、研究台湾认识台湾——台湾因过去设省时间甚短，且割后又受敌人“对岸政策”的离间，致使国人忽视而不知有台湾。更以敌人奴化政策之恶果，而使国人对于台湾亦多歧视误解。今当胜利在望，光复在即，不但要纠正误解台胞之心理，而且要进一步与台胞共同携手团结起来，关于台湾的一切问题，均要有深切研究，正确的认识，使全国人士都能明了台湾文化、教育、政治、经济、社会的实况，认识台岛之重要性，俾来日收复势成接管之时，就很顺利的进行各种工作。

二、注意战局准备收复——当此盟军总反攻在即，台湾即将成为战场的时候，所以台湾岛内的同胞，均须时时注意战局的进展，加紧准备，一旦盟军攻抵台湾，岛内同胞即武装起义，响应盟军作战，以求里应外合之效。国内同胞则尽最大力量，援助岛内同胞及配合盟军反攻台岛外，更需要努力一切收复之准备，如各种干部之储备训练，及接管步骤与建设方案之厘定等等，均属切要之图。

（《台湾青年》1944 年第 16 号）

台湾民声报创刊词

——民国三十四年四月十六日

自从一八九五年春帆楼中那出悲剧开幕之后，台湾即脱离中国版图，江山易主，而给日寇的铁蹄任意践踏蹂躏了。世局沧桑，波涛哀咽，悠忽五十年于兹，日本帝国主义者带着狰狞面目，对这几百万失了援手的汉民族，一面用最残酷手段尽情剥削，奴役和残杀，一面则加紧建设和强化这块具有战略上优越价值的领土，而使之成为南进的根据地。“一二·八”太平洋战争的爆发，日寇不旋踵间席卷南洋，跃进东印缅甸，就是从这只所谓“不沉的航空母舰”发动的。在这半世纪间，台湾民众因不甘异族的暴虐统治，揭竿而起，流血革命，何止数十次，万众一心，前仆后继，由暴力反抗，进而成为有组织的政治斗争，无非眷恋祖国，矢志复土归宗，其解放目的至今虽仍未达成，而我们的先烈却确确实实为台湾甚至为汉民族写下了一首崇高而悲壮的史诗。我们秉承先人遗志，多年流亡在外，奔走呼号，历尽艰危，不断苦斗，其唯一愿望也是为了挣脱日本帝国主义的羁绊，重投祖国怀抱，而使六百余万台胞出水火而登衽席。

祖国近百年来内忧外患，荐臻而至，自顾不暇，也许因此，所以对于这片腴沃的领土和六百万民众似已由模糊而至于淡忘了。前年三大领袖开罗会议，决议战后台湾归还中国，从此台湾问题才普遍地引起祖国人士的深切注意。太平洋战局现日趋紧张，大有急转直下之势，日寇已渐渐走上败亡之路，但台湾经过他们长期的锐意经营和建设，且驻有雄厚军力，以日本民族性的凶悍，假若负隅顽抗，台湾的光复，恐怕需经过一番苦斗和重大的牺牲。台湾是我们的家乡，她有今日的繁荣和瑰丽，完全赖我们祖先筚路蓝缕，胼手胝足，开土垦荒，世代赓续，以至今日。所以台湾的光复，我们台湾同胞，尤其矢志于台湾革命的同志，义不容辞，应该挺身而出来分担这项义务和责任。时机迫切，不容我们再事因徇，回顾我们当前最要紧的步骤，是加强团结，整齐步伐，群策群力，向前迈进。

为欲加速达成上述目的，所以有本刊的诞生，嘤嘤之鸣，以求友声，它的任务，概括言之，有如下：

第一，宣言三民主义思想，唤起台胞爱护民族的情绪，加强团结，严密组织，待机奋起，响应登陆盟军，推翻日寇的淫虐统治，以恢复自由。

第二，台湾乃一孤岛，自遭侵占，尤其“八·一三”战后，敌人横征暴敛，淫辱惨杀，种种暴行，罄竹难书，乃以交通受严厉控制，消息无法外泄，故暴露敌寇罪行，也是本刊的任务之一。

第三，报道台湾一般动态，例如敌人的行动，台湾年来建设和进步的情况，以及介绍台湾文物和居民的风俗习惯、生活状态等等。

第四，拟吁请祖国人士正视台湾民众所追求的理想和目标。开罗会议后，台湾问题虽已引起国人的普遍而热烈的讨论和注意，但是大多只偏重于丰富物产的研究和调查，往往忽略台湾人民的特性和心理。

第五，台湾自满清统治下的所谓“三年小叛，五年大乱”以至日本时代的数十次暴动革命，其起因都是反抗异族的统治，而欲争取其应享的自由，他们虽经日寇的残酷压迫，可是其初衷则始终未尝有所改变。

这是应请国际人士加以了解和同情的。

除此以外，凡与台湾有关或其他国际关系，我们也拟加以论列。本刊乃一公开园地，凡表同情于台湾光复运动的著述，均所欢迎。同人才学薾陋，能力有限，深望国内贤达和舆论界先进时时惠赐指导和援助，这是本刊同人所共同祈求的。

（《台湾民声报》创刊号）

第三章

中国国民党台湾党部

近代以来，随着中华民族危机的加剧，以孙中山为首的革命党人为推翻清朝腐朽统治、建立共和，开展了一系列革命行动，陷于日本殖民统治的台湾也是其十分关注的目标。孙中山曾几次到达台湾，并在岛内建立了同盟会组织，筹集资金，或以台湾为基地支援东南沿海的反清斗争，如惠州起义。20 世纪的头 20 年里，广东时期的国民党亦曾有意在台湾设立党的分支机构，抗日志士李友邦曾参与其事，但因种种原因未果。最终的结果是：“本党（国民党）在台湾既无组织，亦无活动可言。”

七七事变后，中国抗战全面爆发，台湾问题开始进入国民政府的视线，政府高层亦在不同场合提出了收复台湾的设想。1938 年 3 月，蒋介石密令国民党中央组织部部长朱家骅、内政部部长陈立夫、国际问题研究所所长王芃生等，为加大对倭寇之打击，应帮助日本台湾朝鲜等地民众的革命行动，扰乱其后方，减轻抗战的压力，指示联络在重庆的台湾人抗日团体，详加谋划。朱家骅等经商议后呈报称：“台湾本我辖地，兹拟迅速成立本党党部。”1941 年 2 月，国民党中央直属台湾党部筹备处在香港成立，翁俊明任主任，刘启光为秘书，陈哲生、李自修、叶永年分别为组训、宣传、总务科科长，沦陷区的台湾岛，北部负责人周望天，南部负责人庄孟候，自由区方面则重庆联络站负责人林忠，桂林联络站负责人谢东闵。香港沦陷后，台湾党部筹备处转至内地。1943 年 3 月，筹备处改为台湾党部。4 月 1 日，台湾党部在福建漳州正式成立，地址设于漳州陆安东路 98 号中正医院，不过台湾党部的宣誓就职仪式则迟在 7 月 26 日方才举行，故亦有史料记载台湾党部成立于 1943 年夏。

台湾党部的主要任务即基于祖国抗战及收复台湾的需求，组织台湾岛内及在大陆地区的台湾同胞，配合行动，或组织武装斗争，或收集敌伪情报，或策反敌方人员，或强化对台宣传，或组训台湾干部，而其中重中之重在深入岛内发展组织、开展工作，而这也正是国民政府期盼达成的主要目标。不过，由于种种原因，这一目标似乎未能有效达成，虽然台湾党部曾报告称在岛内某地建立了某某组织，开展了种种活动，但其实际情况及其效果颇值得怀疑。不过，即便台湾党部在台湾岛内工作绩效不佳，却仍然得到国民党中央的重视，而国民党当局也将在大陆台湾人抗日团体的领导权赋予台湾党部，台湾革命同盟会成立的时候，朱家骅即强调应将领导权紧紧地握在党的手里，在台湾革命同盟会与台湾党部发生矛盾的时候，国民党中央秘书处直接指令其必须服从台湾党部的领导，否则将不予资金乃至政治的支持。因此，在国民党的对台政策中，台湾党部无疑处于主导的地位。

在台湾党部发展历史上，主委翁俊明之死迄今仍是一桩悬案。1943 年 11 月 28 日，翁俊明在福建漳州突然死亡，其死因究竟为何，可谓众说纷纭。当时张邦杰第一时间给吴铁城的电文中称之为“暴毙”，而国民党中央秘书处签收单上标示的却是“病故”，后来许汝铁的调查又倾向于“自杀”的结论，也有党内人士称系被“日本特务暗害”。其真相有待揭示。

概而言之，实事求是地说，台湾党部毕竟聚集了一批在大陆台湾人抗日力量，为抗战胜利、收复台湾作出了一定的贡献。首先，动员了一批台湾革命志士参与其间，其中包括翁俊明、谢东闵、刘启光、丘念台、林忠等著名人士。其次，配合盟军反攻及台湾光复提供各类情报与建言，为抗战发挥了一定的作用。再次，在有关台湾知识宣传及战后回归祖国的问题上，他们积极呼吁呐喊，在大后方展开宣传鼓动，并刊发《台湾研究季刊》，向国人宣传："虽然经过敌人五十年的毒化，但今日台湾同胞，依旧保留着中华民族的血素，他们热情爱国的胸怀，是永远不会磨灭的。"此外，并积极关注台胞在大陆的生活境况，为改善其待遇奔走呼号。在时局艰困、经费匮乏的情况下，台湾党部团结台籍抗日志士，亲身参加祖国抗战，为台湾回归祖国，还是尽了一份心力的。

翁俊明与台湾党部图片

翁俊明（1891—1943），字寅清，祖籍广东汕头澄海，台湾台南人。台湾总督府医学校毕业，同盟会会员，思想进步，曾与同志携霍乱病菌赴北京密谋毒杀袁世凯未果。1916 年与吴湘苹结婚，随即迁居福建厦门，开设俊明医院。1926 年复于上海开办俊明医院。1937 年“七七事变”，日本帝国主义发动全面侵华战争，翁即宣告脱离日籍。1938 年赴香港。1941 年 2 月在港建中国国民党台湾党部筹备处，1943 年春任台湾党部首任主任委员。1943 年 11 月 18 日在福建漳州去世，死因存疑。

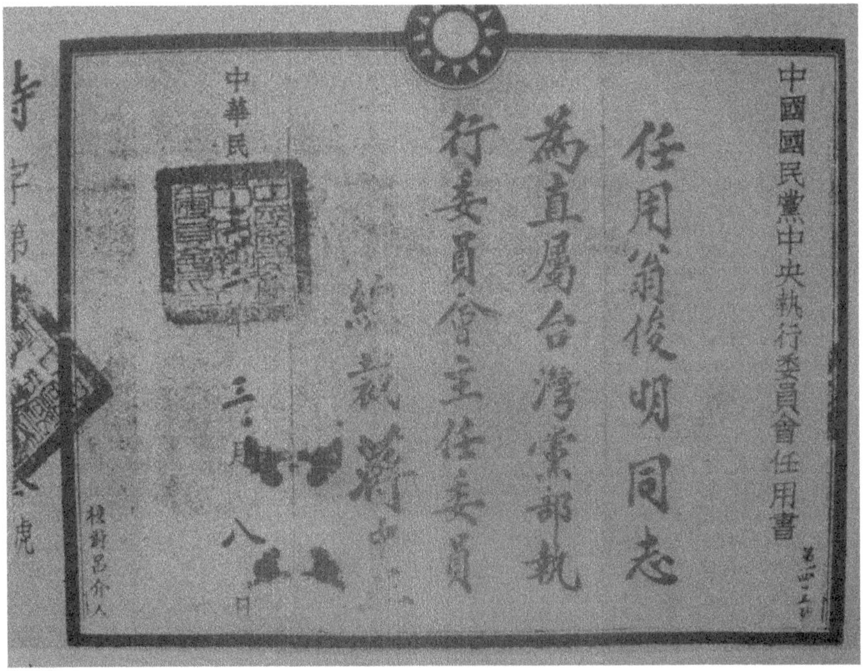

中國國民黨中央執行委員會任用書

任用翁俊明同志

為直屬台灣黨部執

行委員會主任委員

總裁 蔣中正

中華民國

翁俊明任台湾党部主委委任状

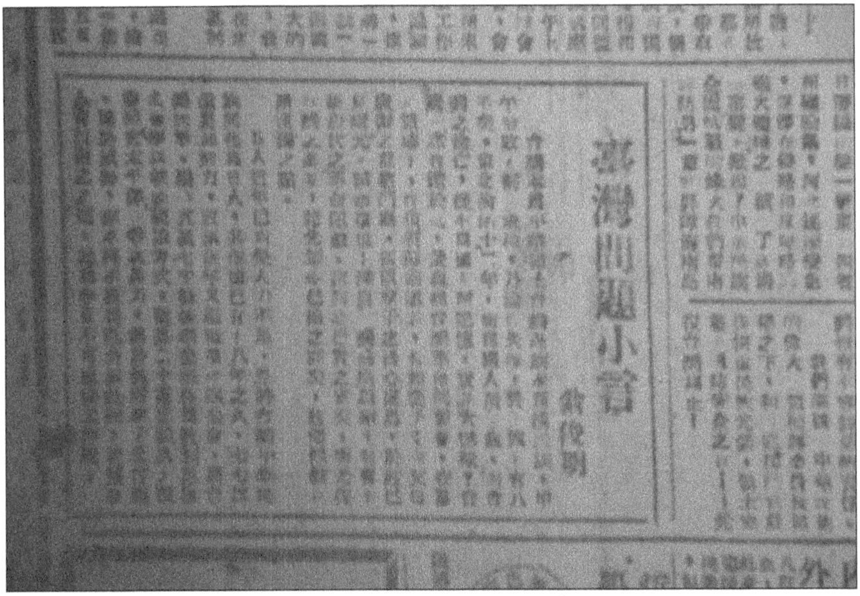

臺灣問題小言

翁俊明

翁俊明：《台湾问题小言》，刊于重庆《国民公报》1942 年 4 月 6 日第 4 版

厦门大字酒巷翁俊明故居

厦门大字酒巷翁俊明故居内景

抗战时期位于福建永安城郊西南文龙村复兴堡的台湾省党部驻地

永安复兴堡台湾省党部内景（一）

永安复兴堡台湾省党部内景（二）

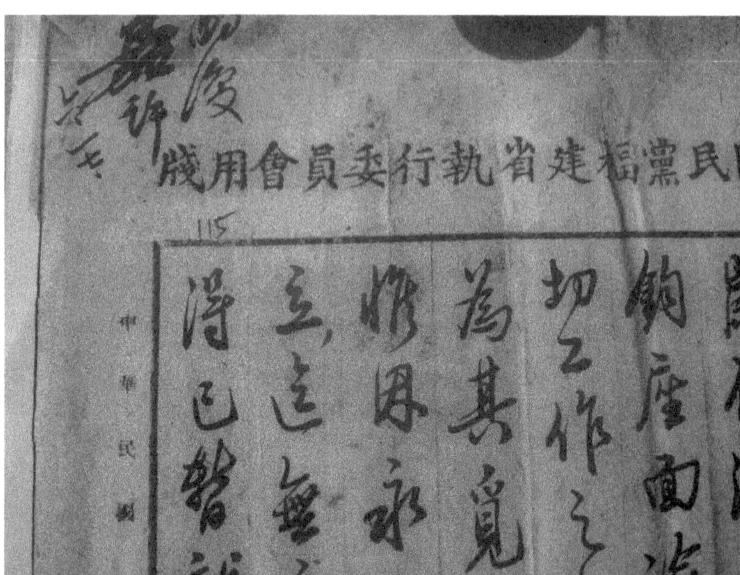

國民黨福建省執行委員會用牋

中華民國

国民党福建省执行委员会李雄就台湾党部迁址永安致朱家骅函（一），原档存台湾中研院近代史研究所档案馆

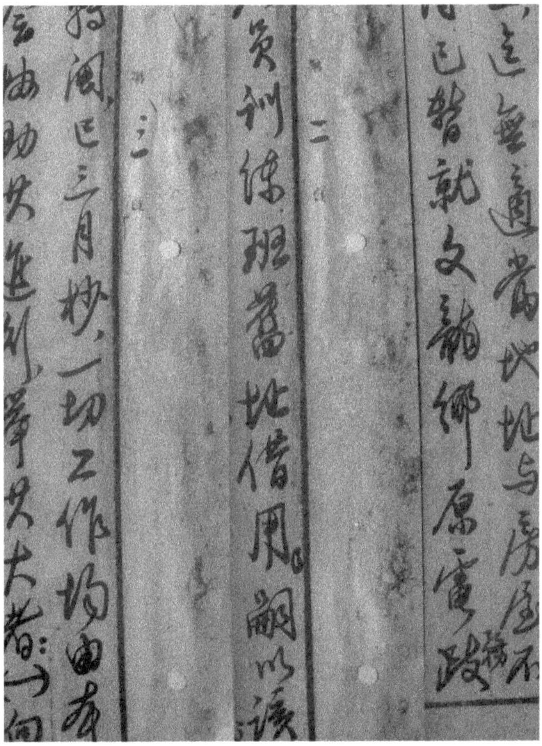

国民党福建省执行委员会李雄就台湾党部迁址永安致朱家骅函（二），原档存台湾中研院近代史研究所档案馆

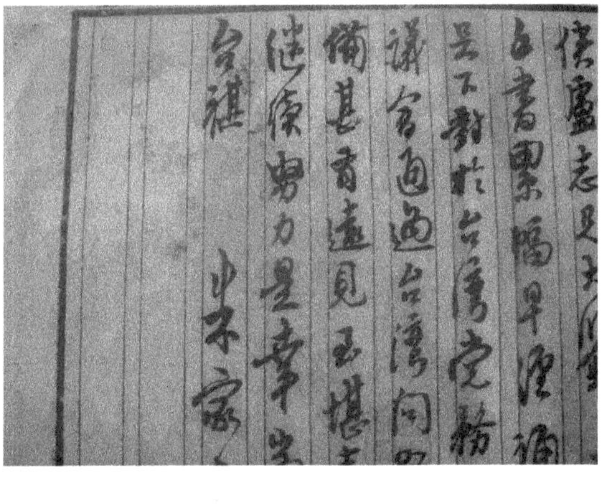

国民党福建省执行委员会李雄就台湾党部迁址永安致朱家骅函（三），原档存台湾中研院近代史研究所档案馆

台灣淪陷四九週年
今開紀念會
晚由蕭宜增等向台胞廣播

1944年6月17日《中央日报》报道台湾党部在福建省参议会大礼堂举办台湾沦陷49周年纪念会，当晚由台湾党部主委萧宜增、委员谢东闵发表对台广播讲话，题目分别为："六一七台湾沦陷四十九周年纪念告台湾同胞"、"从朝鲜东学党政变谈到六一七教训"

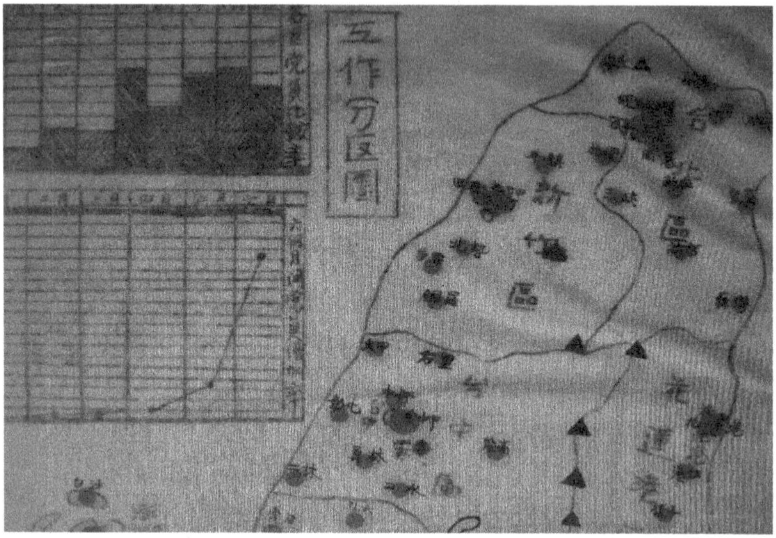

台湾党部上报国民党中央的关于在台湾岛内工作分布图（局部）。原档存台湾中国国民党党史会

《张邦杰致吴铁城函》，原档存中国国民党党史会（原文如下）

特 17—1.4

（台湾党部书记长已来电报其病故）

张邦杰致吴铁城函

……不幸龙溪许逸民君来电报告翁主任俊明同志暴毙，原电照录："林森路华侨招待所张邦杰，翁巧晚暴毙，许。"续查候报。查台湾党部成立已三载，其工作表现甚微，今胜利在握，对台党务亟须加紧推进。今翁同志已逝，台党务应急需人主持，不可久悬。……现在台党务需人主持之际，亟盼我公鼎力玉成之，迅予发表，俾得早日为党国服务，不胜感祷之至。……

中华民国卅二年十月廿三日　张邦杰敬叩

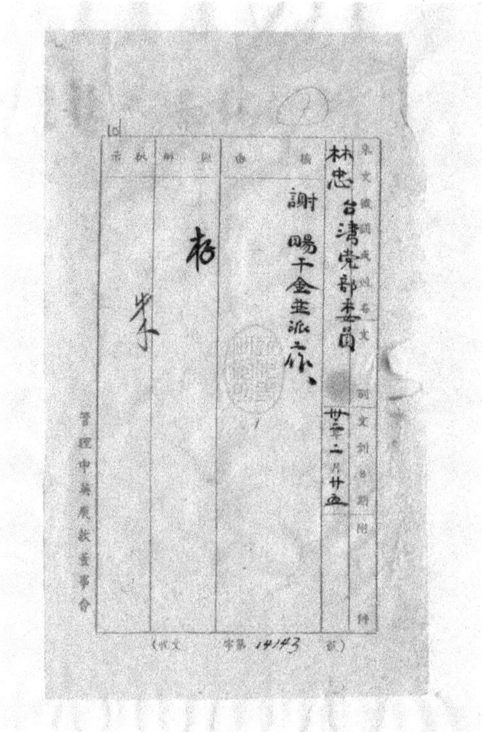
林忠 台湾党部委员
謝賜千金並派工作
卅一 二月廿五
收文 字第14143號
管理中英庚款董事會

林忠：《谢赐千金并派工作》（一）（1942 年 2 月 25 日），朱家骅档，台湾中研院近代史研究所档案馆藏

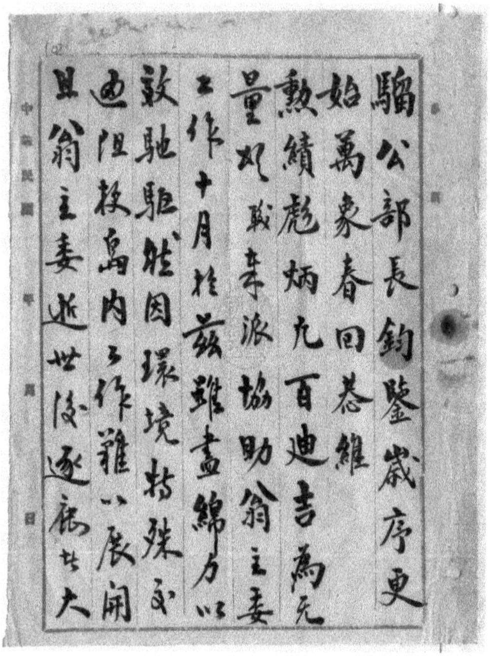
騮公部長鈞鑒：歲序更始，萬象春回，恭維勳績彪炳，九百迪吉，為無量頌。職奉派協助翁主委工作十月，於茲雖盡綿力以致馳驅，然因環境特殊，而迺阻於島內工作難以展開，且翁主委逝世後，遂感……大

林忠：《谢赐千金并派工作》（二）（1942 年 2 月 25 日），朱家骅档，台湾中研院近代史研究所档案馆藏

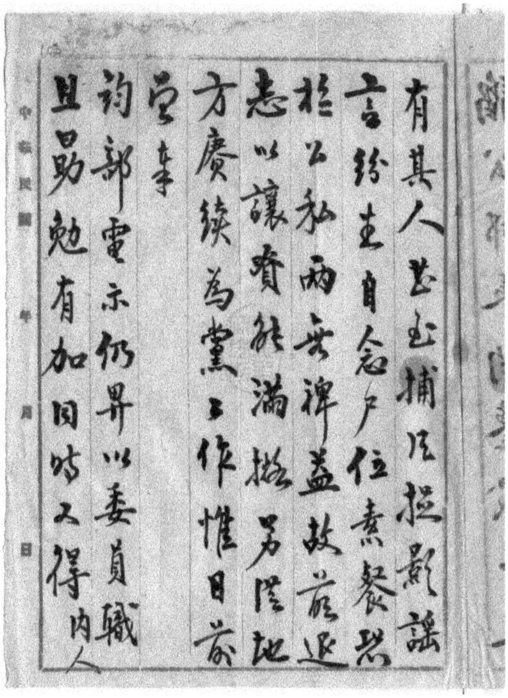

林忠：《谢赐千金并派工作》（三）（1942 年 2 月 25 日），朱家骅档，台湾中研院近代史研究所档案馆藏

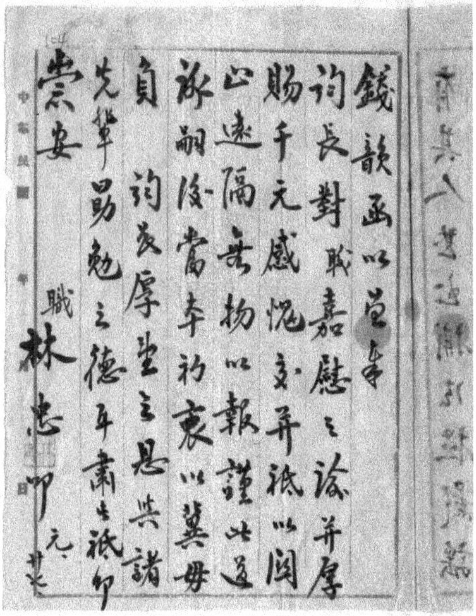

林忠：《谢赐千金并派工作》（四）（1942 年 2 月 25 日），朱家骅档，台湾中研院近代史研究所档案馆藏

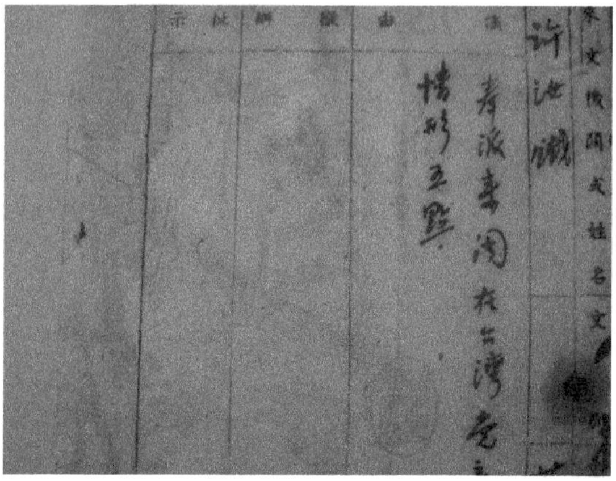
许汝铁
奉派来闽在台湾党
情形五点

许汝铁：《奉派来闽在台湾党部工作，报告台湾党务情形五点》（一），朱家骅档，台湾中研院近代史研究所档案馆藏

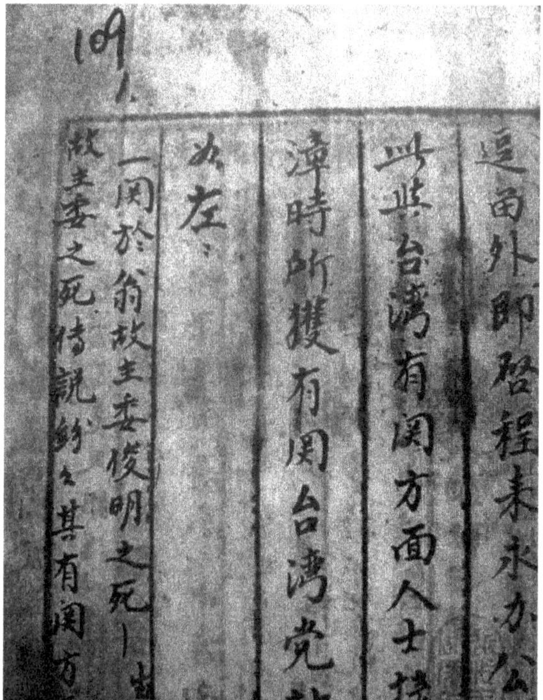
逕由外部启程来永办公
与台湾有关方面人士接
漳时所获有关台湾党部
如左：
一关于翁故主委俊明之死
故主委之死情说纷纷甚有关方面

许汝铁：《奉派来闽在台湾党部工作，报告台湾党务情形五点》（二），朱家骅档，台湾中研院近代史研究所档案馆藏

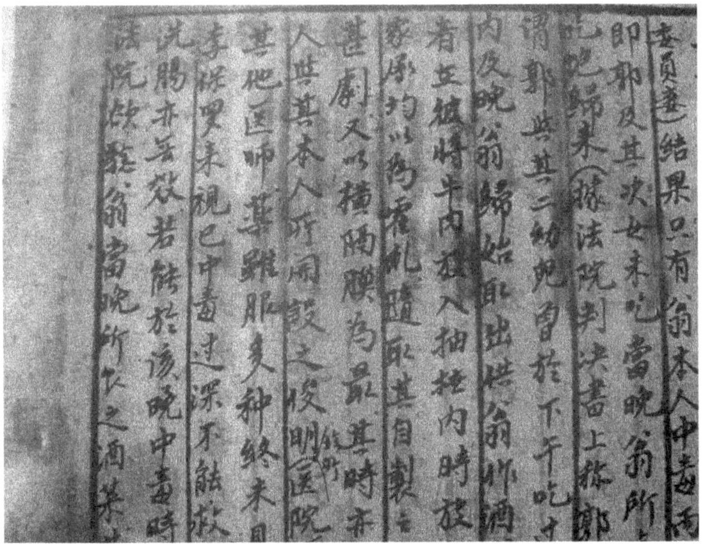

许汝铁:《奉派来闽在台湾党部工作，报告台湾党务情形五点》(三)，朱家骅档，台湾中研院近代史研究所档案馆藏

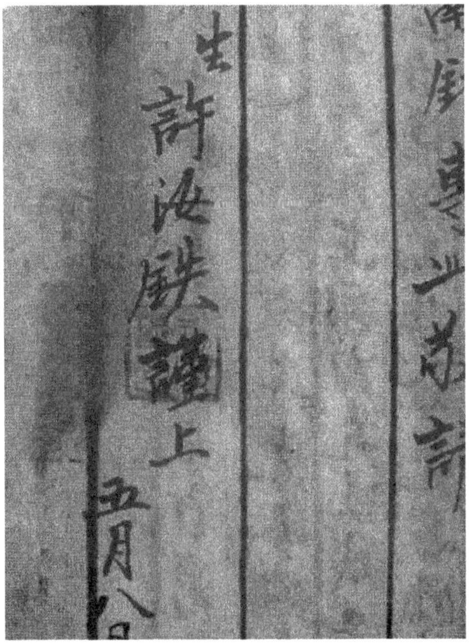

生
許汝鉄謹上
五月八日

许汝铁：《奉派来闽在台湾党部工作，报告台湾党务情形五点》(四)，朱家骅档，台湾“中央研究院“近代史研究所档案馆藏。

＊资料＊

台湾党部成立（机密档案）

第三届中央常务委员会第222次会议讨论事项第十一案

案由：

各党部组织及人员任免案

一、设立直属军政部战时卫生人员训练所区党部......

二、设立直属国立女子师范学校区党部……

三、设立直属国立绥宁师范学校区党部……

四、青海省执行委员会兼书记长薛文波……

五、新疆省执行委员会委员李溥霖……

六、福建省执行委员会委员李遂先……

七、成立直属台湾党部，派（翁俊明）【名密】为主任委员，（林忠、郭天乙、丘念台、谢东闵、陈邦基、杨达辉、廖启祥、杨万定、陈栋）【名密】为执行委员，并指定（林忠）【名密】兼任书记长。

八、派薛傅海、赵芝庆为直属教育部战区学生指导处洛阳进修班区党部筹备员。

九、东北四省公路部务筹备处……

十、军队党部组织及人员任免案一百零七件……

决议：

通过

拟办：

1. 函复组织部
2. 通知各该员
3. 行知各该党部

中国国民党中央执行委员会组织部公函　　　　卅二、三、一
拟准提会应予召见人员另容请示　　　　三、六

拟提会，又林忠、郭天乙并请定期召见为荷　　　　三、六
拟准提会应予召见人员另容请示案　　　　三、六

提案

一、台湾党部筹备就绪，拟正式成立直属台湾党部，派原任筹备主任翁俊明为主任委员，林忠、郭天乙、丘念台、谢东闵、陈邦基、杨达辉、廖启祥、杨万定、陈栋等九人为执行委员，并指定林忠兼书记长案。

附翁同志等履历

拟任职务	姓名	年龄	籍贯	学历	经历	备考
台湾党部主任委员	翁俊明	五二	台南	台北医药专门学校毕业	俊明医院院长，现任台湾党部筹备处主任	工作特殊，下列各委员拟暂缓调训，奉总裁侍秘川字第四二四六号批示照准
台湾党部执行委员兼书记长	林忠	三一	台中	日本京都帝国大学肄业	军事委员会第五部组员，中央宣传部特派员、专员，现任台湾党部筹备处驻渝办事处主任	
台湾党部执行委员	郭天乙	三四	新竹	国立中央大学法学院、日本早稻田大学毕业	特种经济调查处总干事，经济部中央工业试验所专员，台湾革命同盟会执行委员兼总务部主任	

续表

拟任职务	姓名	年龄	籍贯	学历	经历	备考
台湾党部执行委员	丘念台	四七	新竹	日本东京帝国大学矿科毕业	广东省政府设计委员，广东省立工业专门学校校长，国立中山大学教授，现任东江县服务队队长	工作特殊，下列各委员拟暂缓调训，奉总裁侍秘川字第四二四六号批示照准
台湾党部执行委员	谢东闵	三五	台南	国立中山大学毕业	香港新闻检查官，现任台湾党部筹备处桂林联络站站长，广西日报编辑	
台湾党部执行委员	陈邦基	四五	新竹	台北国语学校师范部毕业	台湾农民组合干事	
台湾党部执行委员	杨达辉	三七	台中	台中商业学校毕业	台湾农民组合干事	
台湾党部执行委员	廖启祥	三九	新竹	厦门集美高级中学毕业	台湾农民组合干事	
台湾党部执行委员	杨万定	三九	台东	台南师范学校毕业	台东军用品工厂工人监督	
台湾党部执行委员	陈栋	三三	高雄	日本京都帝国大学毕业	制糖会社营业	

（第一案拟任用人员林忠现在中央宣传部国家宣传处，郭天乙现在化龙桥中国农民银行，其余新任委员均不在渝）

公函：中央组织部，密，三月十一日十四时拟稿

本处公函

兹经中央常务委员会第二二二次会议决议：“一、成立直属台湾党部，派翁俊明为主任委员，林忠、郭天乙、丘念台、谢东闵、陈邦基、杨达辉、廖启祥、杨万定、陈栋为执行委员，并指定林忠为书记长；二、……”在案，除分行外，相应录案密达，即希查照为荷。此致

中央组织部

笺翁俊明同志，函知常委会决议派为党部，拟稿 三月九日十四时。

本处笺函：

兹经中央常务委员会第二二二次会议决议：

（一）

（1）派　同志为直属台湾党部主任委员

（2）派　同志为直属台湾党部执行委员

（3）派　同志为直属台湾党部执行委员兼书记长

（二）……

在案

除由会令知该党部外，特录案函达，即希查照迅即赴任，并将到职日期报中央备查为荷。

此致

（1）翁俊明

（2）郭天乙

丘念台

谢东闵

陈邦基　　同志

杨达辉

廖启祥

杨万定

陈栋

林忠

中央执行委员会秘书处

（原档存台湾中国国民党党史会）

中国国民党与台湾

——追记光复前的台湾党务　民国三十九年十月二十五日

……

据教育厅长谢闵称：本党在台湾的党务活动应当追溯到民国元年。领导者就是当时台北医学校学生翁俊明先生。

本党总理孙中山先生是济世救人的医生，后来弃医而从事革命工作，终于推翻满清建立民国，而台湾的国民党之父翁俊明先生也是一个医生，这真是一个历史上的巧合。总理亲眼看见国民党的诞生，然而翁俊明先生却在台湾光复前二年，即民国三十二年十一月十八日暴卒于福建龙溪，的确是大大的不幸，死因至今不明。

（一）翁俊明同志生平

叙述台湾党务而忽略翁俊明同志，正如讲述本党党史忽略先总理一样的不可宽恕。翁俊明先生原籍广东澄海，迁到台南已十余代，家世业儒，三代前改业制糖及养鱼，颇有积蓄。先生生于清光绪壬辰年十一月二十五日。至四岁，中日之战，我国战败，将台湾割让给日本。先生封翁结焕公思念故国情殷，禁止先生学习日文日语，至十五岁，才停读汉文，考入台南第一公学，就读三年后考入台北医学校，得闽籍同学王兆培的介绍，于民国元年加入同盟会为会员，同年九月三日成立中国同盟会台湾通讯处于医校，宣传革命，并吸收蒋渭水、杜聪明、苏樵山、黄调清等七十六人为会员，是本党在台湾的第一个组织。

是年年底，台湾同盟会会员因为响应黄克强先生所倡导的国民捐会募集了二千四百元款项，苏樵山携赴东京，打算委托青年会代为收转，该会拒绝收受，于是改派王传新送往广州。民国二年，袁世凯在北京阴谋称帝，台湾同盟会会员闻讯，非常愤慨。翁俊明、蒋渭水、杜聪明等曾数度密商剪除国贼之法，起初不得要领。翁俊明在校读书时对细菌学极有研究，于是在学校私地培育细菌，准备将来带细菌赴北京毒杀袁逆。是年七月先总理来台，在台同盟会会员曾经多方面企图与先总理一晤，因日人监视甚严，卒未晋谒并亲聆训示。先总理离台后，翁俊明、杜聪明密商，决定携毒前往北京毒杀袁世凯。原来打算两人同往，以后杜聪明临时因事不能偕行，翁俊明于是单独携毒菌离台，取道日本转赴北京，凑巧与先总理同乘信浓丸赴神户，当翁在船上发觉与先总理见面，据谢东闵氏对本报记者说：翁先生来对谢氏闲谈时曾以白头宫女的心情叙述此事。谢氏称：翁先生在船上曾将他离台的任务源源本本报告先总理。先总理不赞成用毒菌杀死袁逆的办法。先总理说："你将毒菌放入自来水，不是要害死别人吗?"翁先生回答，他准备将毒菌放进袁逆的官邸里的自来水里面，即使毒死也是毒死袁的狐群狗党。先总理虽仍不以为然，但对此少年革命志士的牺牲精神，则非常赞许。

翁先生抵达日本后，即经大连、奉天而至北京，但袁逆戒备极严，翁先生无法接近袁逆，既无隙可乘，于是垂头丧气回到台北。据谢东闵氏说翁先生失望之余将自己辛辛苦苦培养的毒菌一口气吞入腹中，自分必死无疑，但一直没有丝毫反应。据谢氏说翁先生一向把生死置之度外，因此，他敢冒常人所不敢冒的危险，吞食毒菌，就是这种个性的具体表现。民国三年，在医校以第三名毕业，民国四年到厦门开设医院，秘密从事台湾革命事业。

以后又在上海法租界开设俊明医院，民国十八年再到厦门行医，任同善医院院长。民国二十六年抗战军兴，不久厦门沦于敌手，翁先生就携眷赴港，民国二十九年送哲嗣炳荣赴渝求学，更积极参加抗战工作。在香港时，翁先生就集合闽省有志青年陈哲生、陈昆山、庄孟伦、陈乙华、陈启明、陈新春、叶水年等先后组织“健行社”、“思宗会”，力谋发动台湾的民族革命，使与大陆上的祖国抗日战争相呼应，以期打倒日本帝国主义，光复台湾。据谢东闵氏说：当民国三十二年翁氏在福建漳州任“中国国民党直属台湾执行委员会”主任，谈到将来的志愿，翁先生表示台湾光复以后，他并不想做官，他愿意任台北热带病研究所所长，把他的晚年全部贡献给医学。想不到命运之神捉弄翁先生，使他不仅不能实现自己的志愿，连亲眼看见台湾光复的一点福分都没法享受，翁先生泉下有知，必不瞑目！

（二）党务领导的统一

民国廿九年在重庆的台湾革命志士人数渐多，但组织也不统一，当时有李友邦领导的台湾独立党，谢南光领导的台湾民族同盟，林士贤、陈友钦领导的青年革命党，柯台山、宋斐如所领导的台湾人民革命党，张邦杰所领导的台湾民族革命党等组织，形式虽然不同，而目标则是一个。其时本党同志刘启光在军事委员会政治部工作，认为上述各组织的领导者固然大多是本党的忠实同志，但组织名目繁多，也不是一件好事。当时本党组织部长朱家骅也有同样的感觉，就与王启江、刘启光会商统一台湾革命组织。刘氏建议成立“中国国民党中央组织部直属台湾党部筹备处”，朱部长以台湾将来光复以后的行政区域名称尚未确定，所以不用省字，朱部长将此案提出中常会讨论，因对台湾党务极端秘密，所以不留文字记录。朱部长再签呈总裁，总裁在签呈上批一可字，筹备处正式成立于香港，从事于秘密革命活动。在筹备处成立前的过渡时期，台湾革命同志李友邦、李万居、刘启光、张邦杰、李友钦等联合各团体改称为“台湾革命同盟会”，总会设在重庆，下分南北两执行部，北方执行部由李友邦任主席，南方执行部由张邦杰任主席，至筹备处成立后同盟会才停止活动。

中央组织部任命翁俊明为筹备处主任，刘启光任秘书，陈哲生、李自修、叶永年分任组训、宣传、总务三科科长。台湾岛内工作：北部由周望天同志负责，南部由庄孟侯同志负责，自由区方面：重庆联络站由林忠同志负责，桂林站由谢东闵同志负责。

据刘启光说：当时的组织极端秘密，不但中央党部没有一纸文字的命令，而且连关防也没有发一个，任何一个负责人不但没有接到过中央的书面训令，连一张任命状或聘书也没有发，筹备处在香港只刻了一个“张文”的小章，算是这组织对外的唯一痕迹。

（三）陈哲生同志壮烈成仁

这时正是太平洋大战发生的前夕，筹备处在香港的党务活动也达到了最紧张的阶段。至卅年十二月八日珍珠港被日军偷袭，太平洋大战爆发，香港不久沦陷，翁俊明、刘启光等自香港逃出，步行至惠阳候命，陈哲生同志奉命留守，由于他的机警，香港沦陷前，他已渗入日本在香港的主要特务机关香港日报工作，香港沦陷后，谢东闵劝他离开，他对谢说：“你有家累，还是先走罢！我孑然一身，行动自由，还是让我留在这里守住这个据点，请你安心地走吧！”

一个月以后，陈哲生同志被日本宪兵逮捕，每天非刑拷打，但他坚不透露一点机密，日本无可奈何，把他送回台北，关在监狱里，到光复前夕前进指挥所到达台北，参谋黄钦礼奉命前往援救，命令日人放出陈同志，但在黄参谋到达前已被日本特务秘密处死，陈烈士的老父所领到的只是一具皮包骨的死尸。陈烈士的壮烈牺牲，实在是本党无可弥补的损失！陈烈士可以看见台湾光复而竟不能亲见，真是人间的最大惨事！

（四）干部的训练

香港沦陷以后，翁俊明主任鉴于工作上的要求，建议中央筹办干部训练班，于三十一年秋在江西泰和开办战地党务训练班，因台湾收回问题当时还未解决，所以对外名为“韶关战地服务训练班”，对内则是“台湾党务工作人员训练班”；由翁主任兼班主任，招收台籍及闽浙青年，施以三个月的严格训练。同时并指派施石青、陈邦基、施石晨、陈新春、陈昆山等同志，分别潜赴上海、厦门、香港、广州湾等陷区工作，并负责联络台湾岛内工作同志，传达筹备处命令。为执行伟大工作而殉国的除陈哲生同志外，还有优秀工作人员陈新春、陈祺坤、王五本、陈自清、王麒麟、翁武烈、郑玉树等。

自民国三十二年春至三十四年本省光复时为止，台湾党部改称为“中国国民党直属台湾执行委员会”，该委员会于三十二年四月正式成立于漳州，翁俊明任主委，执行委员兼书记长林忠，陈邦基、郭天乙、丘念台、谢东闵、陈栋、杨万定、廖启祥等任执行委员，各科科长由委员兼任，一般工作人员，大都是党训班的毕业生。

委员会工作至此大为开展，除派大批工作人员潜赴大陆各沦陷区做策反工作外，并联络岛内工作同志，窃取情报，以私人情感规劝富有民族意识的本省同胞在敌方军政机关内乘机反正，当局在大陆上敌方军政机关中所吸取的台籍党员共有六百八十九人，在本岛内所秘密吸取的党员，尚不在内。

在开罗会议前，对台湾问题，议论纷纭，莫衷一是，该委员会全体委员不断研究、检讨，作成建议案送中枢参考，后来开罗会议决定台湾重归中国版图，该委员会工作，更积极展开，对日寇在台湾的奴役政策，给予严重的打击。

但不幸的是在开罗会议举行前的数天，即三十二年十一月十八日翁主委俊明被人下毒毙命，逝世前腹痛如绞，鼻孔流血，从发病到逝世不到二十四小时。

至于翁主委的死因，到现在还不明白。不过当时日人对翁主任恨入骨髓，必欲得而甘心，很多同志规劝翁主委小心谨慎，防敌谍暗算，但他总是一笑置之，想不到不久就遭毒手。但如何下毒？是什么毒？何人所干？直到如今还是一个谜。

以翁主委的人格、学问，不应当有什么私人仇恨，没有遭私人暗算的可能。据和翁主委最接近的谢东闵对记者说：翁主委的私人道德好极了，他无论到什么地方，人家都称他为活神仙，因为他精于中西医，很多贫苦的人民原已病入膏肓，别的医生已束手无策，常被他免费诊好。谢氏说在漳州时，有一个华侨女子卧病五六年，吃了翁主委的药竟霍然而愈。尤其在鼠疫、霍乱流行时，他更活人无算。他处方时，在中药方面欢喜用附子，所以他的友好给他一个绰号叫“附子”先生。翁主委有三子五女，次子炳荣现任台湾广播电台节目科长，学识宏通，为人精明，颇有父风。次女适台中立委郭天乙，于最近逝世。

翁主委殉职后，中央派书记长林忠兼代主委，三十三年春，林书记长辞去本兼代各职，中央派萧宜增代书记长兼主委，党部也从漳州迁往永安。

民国三十四年，福州克复，党部也随福建省政府迁往福州的花巷。

抗战胜利后，中央发表中委王泉笙为主任委员，王未到职，改派李翼中接（充），台湾光复之初李仍任主任，李辞职，丘念台继任，丘去职，陈辞修继之，陈辞，郑文仪继任。最近台湾省党部改为台湾省改造委员会，中央派倪文亚为主任委员。而近日的台湾已变为民族复兴基地，更非翁故主委初料所及了。

（录自1950年10月25日台北《中央日报》光复节特刊）

附录　朱家骅阅后注记

——1950年10月28日

本党对于台湾港澳等地，向以海外相视，故台湾隶属东京总支部，港澳则直属海外部。余深以为不妥。十六年在粤时曾提议将港澳总支部划归广东党部也。二十八年底由秘书长调长组织部后，发现本党在台既无组织，亦无活动可言，即东京总支部，亦因战事而瓦解。惟台湾同胞怀念祖国之心仍切，在渝努力于抗战之同志甚多，一面随日军进入沦陷地区之人亦复不少。而台湾又为日军南进基地，对于战事颇关重要。因于到部不久，即约集当时在渝之台湾革命同志刘启光、林忠、谢东闵等一再商谈（发展）台湾党务工作，并由刘启光于第一次谈话后，介绍与翁先生见面，相谈甚得，即请其参加商谈，时为廿九一月也。至春间计划妥当，即草拟提案设置台湾党部直属中央，等于省党部，并以翁先生主持其事。当经常会决议通过。暂设于香港，先从沿海一带之台人工作着手，徐图深入岛内，以岛内工作为主。以后一再督促，率以日人监视严密，仅能由港澳、厦门两地区派员进入台湾展开地下活动，党部本身于光复之前未能移岛内。翁先生曾以工作关系，有时由香港到渝商谈，最后似在三十二年夏初，我不复记忆，岂知渠于是年冬竟遭牺牲，痛哉！骝注。卅九年十月廿八日。

（《朱家骅档案——台湾革命运动与中国国民党》，《台籍志士在祖国的复台努力》，台北：国民党党史会，1990 年，297—304 页）

国民党福建省执行委员会李雄就台湾党部迁址永安致朱家骅函

（中国国民党福建省执行委员会用笺）

骝师部座钧鉴：

敬陈者，客岁在渝，承钧座面谕，协助台湾党部一切工作之进行。返闽后遵即为其觅定部址，以便迁移。惟因永安弹丸之地，机关林立，迄无适当地址与房屋，不得已暂就文龙乡原电政人员训练班旧址借用。嗣以该局拟续办训练班，嘱其迁让，惟永安目前无法另觅，细察局中意旨，并非必欲续办训练班，只以当时修葺构建，颇费相当数目，似有要求归还一部分费用之意，现尚在设法交涉中。萧宜增同志自粤转闽，已三月杪，一切工作均由本会协助其进行，举其大者：（一）向省政府交涉，请将前所没收之台胞财产，设法发还。（二）将集中崇安宁洋之台胞，定期交由台湾党部自行管训。（三）通令各县市党部，并函介该部同志出发各地调查及组训台胞时，切实予以协助。（四）由本会同台湾党部拟定工作联系办法，并经于本月九日举行第一次会报，议定四项，已专案呈报。（五）四月中旬，闽省参议会第二届第二次大会，本会特策动参议员曹挺光、黄谦若、陈村牧诸同志，提出有关台湾问题之三案：一、请省政府迅作收复台湾之准备；二、请中央恢复台湾省制；三、请省政府迅在闽南设立特种师范学校，培植台湾中小学师资。各案均经大会热烈通过。

又，雄在闽省参议会开幕闭幕典礼中，均殷殷以台湾问题希望各界共同努力（原文剪附），极为各界所赞助。抑有进者，雄到处逢人及集会时，均提出福建同志与民众应努力之三问题，相与研讨：一为海外问题，即南洋问题；二为海上问题，即海上经济建设问题与海防问题；三为台湾问题；而台湾问题与海上海外二问题均有密切关系，尤为目前当务之急。

以上所陈各节，是否有当？敬请察核示遵！专肃。并叩

钧安！

受业　李雄　手书敬上

中华民国三十三年五月十六日

（台湾）

复李雄　　　　卅三、七、十七

侠庐志兄大鉴：

五月十六日手书累幅，早经诵悉，迫冗稽复为歉。足下对于台湾党务协助及见策动闽参议会通过台湾问题三案以及收复时之三准备，甚有远见，至堪嘉许，仍希继续努力是幸。专复。顺颂

台祺

朱家〇

台湾党务工作意见书

——民国三十三年一月台湾党部拟

第一节　台湾史地与现况

台湾澎湖向隶我国版图，始由隋朝虎贲将陈稜入岛开辟，继于元代设澎湖巡司之统治，明崇祯中，郑芝龙率领饥民之开荒。后虽经荷兰占据卅七年，卒由郑成功以艨艟舰队，败荷人于安平，收复治理，移植开发，岛内文化，灿烂可观。清季设府治，隶福建省，嗣以海防日急，改设行省。仅及十二年，因马关条约而割让，其时台人丘逢甲（原粤籍）等率众抗日，苦战九年，虽力竭而息，而民心归宗。

台湾面积三万六千方公里，位居温热带，物产极富，全部生产年在八十万万元，财政岁入在六万万元以上。人口总额六百余万，除少数生番熟番及日人外，其余五百五十余万均为闽粤籍移民，其语言风俗习惯与福建广东完全相同。

台湾澎湖北与辽东半岛遥峙，钳制渤海黄海之咽喉；南与海南岛并立，同为监视西太平洋之眼睛，日人据以为海空军之重地，南进之据点，其在战略上占极重要之地位。台湾在我国国防上为必不可缺之要地，在经济上亦为重要之资源，自对日宣战后，马关条约随之消灭，胜利在望，台湾收复即将实现。

日寇统治台岛已有五十年，其地方组织，至为严密，总督府下辖五州三厅十一市，五十一郡，五十六街，二百一十三庄；州设知事，厅设厅长，市设市长，郡设郡役所长，庄设庄长，以庄为乡村地方基层，以郡为统驭基层重心，由日人担任所长及警察，负监督指挥台人之枢纽。

军事布置：（一）空军：有松山、桃园、台中、嘉义、台南、冈山、屏东等七机场。（二）海军：以澎湖为正式军港，高雄为副港，新港为准备军港，基隆为军商并用港、梧栖为准备商港。（三）陆军：平时常驻军仅三联队，分驻台北、台南、台中各一联队，战后加强征训补充，目前使用联队已增至三倍以上。且利用厦门台奸组织汽船巡逻队，日夜接巡台湾海峡，开罗会议后，即自九日起正式封锁，不许台人出口，且有以三师团进攻闽省，以巩固其外围之阴谋。

第二节　党务沿革与概况

民国十五年间，中央在粤时曾派人入台活动，因无成效而中断；抗战后内地台胞各立团体如“台湾独立革命党”、“民族总联盟”、“台湾革命党”、“台湾国民党”、“青年革命党”等，但意见分歧，步骤凌乱。卅年二月中央遂先将革命党等五团体合组为“台湾革命同盟会”，进而组设台湾党部筹备处，以翁俊明为主任，工作据点设于香港，港变后，工作人员向粤内移。卅一年春中央鉴其基础不健全，曾举办党务干部训练班，将在曲江筹备，嗣在泰和开班，受训学员六十人。卅二年春改组为正式党部，仍以翁俊明为主任委员，林忠为书记长，党部设漳州，以陈邦基等四委员驻岛内，分负督导任务，并在香港、厦门、上海设联络站。

党部工作概况如次：

（一）党员方面：据报卅年度新征一百廿一人，卅一年度新征七十六人，卅二年上半年共征二百十七人，分布岛内各地参加组织。

（二）宣传方面：据报以皇民奉公会、作业奉社（仕）队、青年团、少年挺进队及少女防谍团等团体为对象进行工作。

（三）组织方面：据报过去岛内曾用思宗会名义进行组训，现除用北京语研究会名义外，复运用据点方式，分别建立小组，岛内有廿五个据点小组。至县市党部组织，据其第七次委员会议录报告经派员筹备者，计台北有十四县三市，台中有十五县三市，台东有二厅，台南有四县三市，但与原定组织计划不尽相符。

（四）交通联络方面：香港、上海、厦门三个联络站，不甚健全，除厦一站外，发生效力甚少。

第三节　今后工作改进要点

基上认识与国际近势，深觉今后台湾党务，不特应改弦更张，并应加紧进行，始能配合同盟国军事进展，而依计收复此一片壮丽河山。

第一项　组织原则

一、该岛孤悬海洋，日寇统治严酷，岛内党部组织应以小组制为原则，不宜拘于县以下各级组织之规定形式，且岛内原无县之名称，只须择其重要地区将来有扩组县党部之可能者为工作据点，亦即为区内各组织枢纽，直隶于党部。其办法：（1）采用集体分组制，即集中权利而分小组，由本部指挥监督各区据点，以据点领导各小组，上则集中指挥，下则各不相涉。（2）各区据点始终与本部保持联系，并令各组党员在一定期内单独另立小组，以为有系统之机体。

二、征求党员，除清理原有党籍外，应从农、工、商、学、议政者、志愿兵、自由职业、生番等八方面进行，其方式以宣誓入党为原则，缴送本人相片或手模即可，免发党证，只发号码，以省手续而保机密。

三、原有各级组织加以调查并使其健全，再选择原无组织而重要之地方发展之。至内地区党分部及小组，一律予以撤销，分别加入各地党部。

四、发展外围工作，除加强原有思宗会及北京语研究会外，一面利用公开合法名义，组织团体，以作组织行动护卫，一面打入敌寇各团体，建立核心，潜伏活动，以发生党团作用。

第二项　训练方式

一、岛内采秘密训练方式，寓训练于工作之中，以工作促进训练，其办法：（一）以一面工作一面学习为原则，就当面之实际问题，随时施以训练；（二）层层训练，各级节制，考核工作，严明奖惩，从实际工作表现，而定其训练之成效；（三）以理论决定技术，以经验充实理论，互相参证，以提高工作技术，而收训练之实效。

二、内地采集团训练方式，充实内地台胞之工作技能，以利党务开展，而备收复工作进行。

第三项　宣传与情报

一、宣传对象与运用方法：（-）台人均为汉族，应加强其民族意识，归宗观念，令台人对敌不合作，进而反日运动；（二）除随时密令岛内人员依照宣传要点印发小型宣传品外，并由内地以精警传单送空军飞台散发，并利用各电台经常对台广播，以摇撼人心；（三）利用各种机会，选派干员间道潜入志愿兵团及军夫中，作反战宣传，以促其瓦解。

二、情报及调查工作，台湾为倭寇南进军事重点，一切动静，关系同盟国各种反攻及收复决策甚大，应尽量搜取军事政治经济党派各方面重要资料。

第四项　各种斗争

一、经济部门：

（一）现台湾新式制糖厂，达四十九所，拥有员工五六万人，现正利用其机器与原料，制造军需品如飞机油等。应运用小组发展办法，潜伏活动，在未到破坏期间，酝酿怠工罢工。

（二）军需工厂如兵工厂、造船厂、钢铁厂等，各种工程如集体农场、电力厂工程、建港筑路工程等均应发展小组，进行活动，并运用台籍工头或技术人员领导职工消极减少产额，进而怠工与罢工，并打击破坏倭寇建设。

二、军事部门：

（一）台湾现役壮丁，固定维持地方者，已达廿三万人，应使各该团队之台籍团长，领导团丁努力反敌运动。

（二）目前台籍现备役数目已达卅余万名，皆系预备运往各处作战者，台籍可能取得武器者仅此批人，应竭力运用争取之，尤其运往祖国（作）战者，应使其能发挥瓦解敌人及投效祖国作用。

三、政府部门：

（一）台湾政制严酷，应先打入社团与组合，逐步渗入各项政治机构，发生核心作用，并运用台籍议政人口与实业领袖，起号召领导作用，博得一般台胞信赖与相从。

（二）台籍教育文化人员为抗日宣传有力分子，应使其儿童灌输民族思想。教堂为社会文化先锋，亦应尽量运用，使革命力量，能潜滋暗长，共负争取解放责任。

四、土番部门：

（一）岛内生番，素以强悍称，对倭反感甚深，应尽量运用常与番人接触之台胞等深入联络，劝导各番族社长，使亲切与汉人合作，共同抗倭。

（二）自阿里山、雾社沿太鲁阁山一带，尚属政教不及区，当尽量利用其地，训练土人，发展革命力量，并训练避居该地台胞，以为武装集中点，作将来打击敌人秘密配备。

第五项 收复台湾准备工作

台湾党部除秘密指导岛内各种工作外，并致力下列各要项，以助岛内工作之发展，而利将来台岛之接收：

一、台胞以漳、泉、潮、梅为最多，拟在各地，以台湾工作团名义，集结内地台胞随时予以训练，加强主义认识，增进军事及航海技术，团员仍操原有职业，平时利用其各种关系推进岛内工作，总反攻时，则协助英美海军袭取台湾。

二、现各地台胞团体与全国舆论均主张速从建立省，为使台岛人心内向及工作胜利计，应在台湾党部所在地，开办台湾党政人员培训班，以资收揽人才及造就人才，并利组织工作之展开。

三、为配合党政班工作及研拟各种收复与建设方案起见，拟照省党部组织条例得设特种委员会之规定，先成立“台湾政治设计委员会”，聘请台湾问题专家为委员，已可向中央提供各种方案，且可借此树立省政基础。

四、为明了内地台胞状况以协助台岛工作及将来收复进行计，将举办内地台胞总登记，由台湾党部负责办理，拟具办法呈请中央与政府通令台胞知照。

五、查台湾志愿兵夫，征调已卅余万，分布越缅海南岛各地，拟选派干员参加远征军及第四战区司令部担任策动该项志愿兵夫工作，以为将来配合同盟国海军进攻台岛之前导。

此外台胞在闽产业，战后被驻军没收交由闽省政府接管之财产，不下千万元，似应依照行政院复函，视其有无通敌嫌疑，分别敌产与非产，由台湾党部会同闽省府处理，以平台胞之反感。至崇安县台胞集中营数百人，亦应有党部依照台湾工作团方式，予以严密组织，以改变各地台胞对党部之观感，而加强其对祖国之信仰。

第四节　人事与经费

基于上列工作项目，配合实际需要，酌定最低限度之人员与经费：

一、人事方面：

（一）党部内部编制，仍照部定，设秘书一人，科长四人（内派一人驻岛内工作），一级干事五人（内派二人驻岛内），干事五人（内派二人驻岛内），助干八人（内派四人驻岛内），录事五人（内派三人驻岛内），共计廿八人。

（二）岛内人员经核实必要者仍照原有继续加强，否则立予撤销，并另择台湾西岸基隆、台北、新竹、彰化、北港、台中、嘉义、台南、高雄等要地为据点，各派书记一人，干事二人，助干一人，录事一人，合计四十五人，不支薪俸，仅发工作费。

（三）香港、厦门、上海三联络站应予撤销，为工作便利计，拟在香港、沙坪、厦门、上海各设交通员一人，共四人。

（四）台湾工作团，暂设泉州、漳州、潮梅三处，每团暂设团长一人，并调用干事一人，助干一人。

（五）台湾政治设计会，常务委员一人（兼任），委员五人，调用干事一人，助干一人，录事一人。

（六）台湾干训班，设正副班主任各一人（党部委员兼），训育教务组长各一人（秘书科长兼），指导员三人（调用），讲师五人（设计委员兼），干事助干录事各一人（党部调用）

二、经费方面：

依据上列工作人员与事务所需数目，列具年度经费简表如次：

费　别	经常费	一、薪给费	二、办公费	三、特别办公费	四、内地工作团	五、政治设计会	六、岛内活动费	七、干训班经费
每月分配金额	三九、〇一三.〇〇	七、二五〇.〇〇	一〇、二〇〇.〇〇	一、七〇〇.〇〇	一、一〇〇.〇〇	一、一〇三.〇〇	一七、六六〇.〇〇	专案另定
附记		委员九人（岛内四人）秘书一人科长四人（岛内一人）一级干事五人（岛内二人）干事五人（岛内二人）助干八人（岛内四人）录事五人（岛内三人）工友十八人	1. 岛内办公费用五千元内；2. 此数预计不敷办公费实际支出惟限于经费额无可增列；3. 电台所需电料费须另专案请款	委员九人，各一〇五元，秘书科长，共五人各七〇元	上数只敷支发各团长生活费其所需事业费须另请补助	上数只作委员生活费其所需事业费及图书资料等费须另请补助	本表列支岛内各项经费共计二六、四六〇元一律加发差额。	包括生活费办公费旅费开办费等须另按实际情形专案请款。

（中国国民党中央党史会库藏史料，《台籍志士在祖国的复台努力》，台北：国民党党史会，1990 年，第 325—334 页）

许汝铁：奉派来闽在台湾党部工作，报告台湾党务情形五点*

台湾党务

（甘处长一阅　函中所陈各节，均已据报。　　赘注。六、五）

来文机关或姓名		文　别	来文日期	附　件
许汝铁			卅三年五月廿九日	
摘由	奉派来闽在台湾党部工作，报告台湾党务情形五点			
拟办				
批示				

（收文　　字第957号）

骝先部长吾师勋鉴：

生于二月七日晚领训告辞后，即赴海棠溪交涉车辆，九号启程，因沿途车辆困难，致于三月十九日抵漳，翌日始悉台湾党部已迁永。生除在漳稍事逗留外，即启程来永办公。在漳时虽时甚暂，但得藉此与台湾有关方面人士接谈，实亦增益不少，兹将留漳时所获有关台湾党部材料及所听闻归纳报告如左：

一、关于翁故主委俊明之死——生到漳后所闻直接与间接关于翁故主委之死，传说纷纷，其有关方面均谓自己服毒自杀，因中央

* 编者按：事由题称报告五点，内文实为六点。又关于翁俊明死因及其评价，仅为报告人许汝铁个人观点，应予注意。

派员来漳彻查其经费，彼自问经费无着，难于报销，而出此短见。但由其家属面述，又非如此。据其妻女云：翁日常喜饮酒作乐，逝世前一日晚，亦在家饮酒，与饮者有郭委员天乙及其次女（即现郭委员妻），结果只有翁本人中毒而郭委员及其次女均未中毒，推其原因，即郭及其次女未吃当晚翁所吃之炒牛肉，因彼适与其未婚妻自外吃饱归来（据法院判决书上称郭承认曾吃该盘牛肉，又据翁妻解释谓郭与其二幼儿曾于下午吃过该盘牛肉，吃后彼将其藏于抽屉内，及晚翁归始取出供翁作酒料，时郭未曾吃过，据此推测放毒者在彼时将牛肉放入抽屉内时放下毒品）。翁中毒后初即大泻，其家属均以为霍乱，随取其自制之霍乱特效药丸服之，泻即止。但腹痛甚剧，又以横隔膜为最，其时亦曾抽鸦片几服无效，当晚翁本人与本人所开设之俊明诊所（医院）中之二医师共同议药方自服外，无其他医师，药虽服多种，未见效。及清晨始再请老年医院医师李保罗来视，已中毒过深不能救。据李医师对生言，彼到时已无可救，虽洗肠亦无效，若能于该晚中毒时洗肠，或可有挽回之余地。翁死后，法院欲验翁当晚所食之酒菜，其妻欲将各种食物往验时，黄昭明（台湾党部干事，翁曾任其为机要室主任，福建人，翁死后被中央所裁，即任漳州《闽南新报》经理，因该报缺乏款项，彼即取现款拾万元作为该报经费，始彼任为经理，如此一党部之工作同志，一时能取十万元，其中必有毛病）即向翁妻称：牛肉为自家工人所炒，当无问题，可免取验，其他之酒料及酒必需取验，翁妻听其所言即将炒牛肉倒至养猪缸中，其余取验，均无毒质。时一般人均为翁将毒品放入口中，然后以酒送下，故食物及酒均无毒。第二日邻居取养猪缸中食物以养猪，猪吃后即大泻，后经苏医师（俊明诊所医师）以药治之即愈。由是即可证明毒在牛肉中，因猪吃时毒之分量减少，故未致命（这点法院判决书并未提及），发现此事实后，即将男女二工人扣押（男工为炒牛肉者，男女二工人均为黄昭明介绍），经法院审问，认为无疑交保，于是黄昭明又往保释，并恐吓翁次女谓若再扩大其事，亦欲将彼致之于死命。由是推之，黄昭明必参有其事。另据有关人士谈，黄与翁次女在泰和时甚相得，至漳后为翁次女所弃，而翁亦反对，因黄已有妻室在潮州，由是引起黄之愤怒而出此。上为翁死之前后事实，至于翁死后其对于公私均无一语。

二、石码（距漳州三十里）华大行事——石码华大行为翁故主委以党部经费七十万元所开设，初名荣大行，后改为华大行，以其义子陈炳耀任经理。据翁当时称，在掩饰汇往沦陷区之转汇处，其实即大作其生意及走私事。此为漳码人士异口同声之所云。该行于翁死前三日闭门，前后只开设三四月，以此雄厚之资本，而于三四月内自动关门，一般人士均议论一时。及翁死，群众均以为中央派员来查，翁恐而速自关门，今该行一切经费，党部均无所悉，其中详情，生亦未悉。

三、关于台党部以前所报告之台岛区党部事——据台湾党部以前所报告在台岛成立四个区党部，即台南、台东、台中、台北等，以各区党部之书记均以留台之台湾党部委员兼任之，这四委员为陈栋、杨万宝、杨达辉、廖启祥等，是否有其人，均无所悉。其他工作同志为台南区党部之干事、助理干事郑明仁、王祺邻等，一在香港经商，现仍留香港，一与黄光军在屯溪，据此而推其一般。

四、关于以前各工作站经费之报销，均在漳时自领自报，其印信均在漳州福文斋所刻，即以香港站一例而言，初以苏炳耀（原名苏文儒，翁长婿），后又改戴月（翁长女化名），此等各站，唯有支款，工作毫无。

五、关于台湾革命同志留居国内之派别及其领袖人物——台湾革命之领袖及其派别，颇为奇形，有一人一党者，三人一派者，故其党派虽多而所能发生作用者甚少。民廿九年台湾革命党在国内先后成立者有五，即台湾革命党，其领袖为张邦杰；二、台湾独立革命党，其领袖为李友邦；三、台湾民族革命总同盟，其领袖为谢南光；四、台湾青年革命党，其领袖为陈友钦；五、台湾国民革命党，其领袖为柯台山；以上五党后变为四党，即张邦杰与谢南光合并，仍称为台湾民族革命总同盟。及民卅年四月，四党因各感力量之单薄，而倡议合并，随于是年二月，四党联合正式成立台湾革命同盟会，以谢南光负其责，去年十一月在重庆开第三次年会，此虽为台湾人士一大团结，但其中意见仍不一致，各派领袖仍持有其单薄势力作其后盾。

其他台湾留居内地之望族为许地山弟许赞乔（现住龙岩）、侄许作新（现在漳任教，北平辅仁大学毕业）及李万居（法巴黎大学毕业，学者风度，常出入广州湾，现已赴渝）等。

六、台湾党部过去工作之未能开展——据各方在漳人士谈称：谓台湾党部之工作所以不能开展者，即因经费多而工作艰巨，以致人人放弃其工作，而集中全力于钱的争取，因此台湾党部之内部一切问题均起于经费之争，如前总务科长叶永年等均为钱之争执而辞职。故今后欲使台湾党部得以开展其工作，经费与实际之工作不能不有切实之配合，以免再发生过去争财而非争工作之毛病。

以上各节，均为生留漳时搜集所得，谨为报告。至于以后台湾党部工作如何开展，生当本个人之全力以赴之，藉免有负吾师之所期，以后并望吾师时予训示，以作工作之南针。专此敬请

勋安

生　许汝铁谨上

五月八日

（原档存台湾中研院近代史研究所档案馆）

第四章
东区服务队

七七事变后，日本帝国主义发动全面侵华战争，华北、华中和东南沿海相继沦陷，1938 年 10 月 12 日，日军从台湾出发在广东南海大亚湾登陆，直逼广州。此时，一直以广东为中心在全国宣传抗日、支持抗战的台湾人丘念台受国民革命军第十二集团军的指令，负责广东惠、潮、梅属二十五县民众的组训工作，组织民众参加抗战，定名为“东区服务队”。

最初东区服务队仅有十余人，后增至三十余人，落脚点为丘念台祖籍地蕉岭县文福乡。此后对民众的发动与组织工作很快开展起来，据称一年间即有骨干青年 120 人，影响民众 3000 余人。1939 年春，丘念台受聘为第四战区长官部少将参议，东区服务队的工作重心也转移到更接近前线的罗浮山区，最初曾经试图组织武装抗日队伍，但因种种原因半途终止。转移至横坜之后，东区服务队的工作重心为“安政教民”，开始注重当地教育事业的发展，计划以横坜为中心，每保建设一所战时小学校，教员大部分以服务队成员充任。截至 1941 年春，先后开办了 45 间，为当地教育事业发展作出了很大的贡献。

与此同时，东区服务队还在广东毗邻沦陷区的罗浮山开展宣传抗日、支援前线军队、维持后方治安、调解地方纠纷和收集敌方情报等等各种工作，并且一度为配合盟军攻打台湾的计划，积极招募台湾抗日志士，秘密搜集台湾情报，为美军物色台籍向导，可惜最终因美国反攻计划变更，决定跳过台湾岛直接攻击日本本土而取消。但是，东区服务队的工作显然获得了相当的成效，丘念台对自己在东区服务队的工作作了如下总结："我是坚决拥护政府抗日的，而且牺牲了自己研习的本学，走向穷乡僻壤去组训民众，感化青年；走向最接近敌人的前线地区去清除奸伪，和发动武装打游击。凡是我们到过的地方，都能赢得民众的信任与拥戴，赢得部队的爱护与亲近，这些是差堪自慰的。"

东区服务队的组成人员有大陆人和台湾人两部分，在台湾人方面既有原长居大陆的台湾人，也有抗战时期潜归祖国参加抗日的台湾热血青年，譬如钟浩东、蒋蕴瑜、肖济寰、黄丽珍、李南锋自香港回到祖国，一度被误为日谍，后经丘念台救助获释，加入了东区服务队。参加东区服务队的大陆人除了本地人之外，还有来自其他地区的，前后总计达五六百人，而这些人很多又是流动的，这样便将抗日的种子撒播到了更广泛的地方。

丘念台曾到革命圣地延安考察，受到了共产党人的某些影响，据丘晨波的回忆："东区服务队以文福乡为试点，效仿陕北民众运动的方式，搞民众运动，开办有百余学员的干部训练班，课程大致仿陕北公学，学习政治、时事知识，重点在组织民众抗日救亡，并演练游击战。"东区服务队与中国共产党的关系较为微妙，东区服务队的许多做法有着不少的"陕北色彩"，而队伍中也有从陕北回到广东的广东、福建籍学生，甚至有共产党员。在东区服务队活动的地区也活跃着共产党的东江纵队，二者之间势必有所接触和交叉。这样的关联不能不引起国民党的极大关注，

“予以密切监视”。丘念台本人在有关东区服务队的回顾中也多次提及与共产党的关系问题，并对不少人怀疑其为共产党而烦恼，作了一些撇清的记述，具体事实如何，尚待考证。但实事求是地说，东区服务队与共产党的关系，应当是“剪不断理还乱”，至少，共产党对其影响是不容忽视的。

丘念台与东区服务队图片

丘念台（1894—1967）名琮，号念台，后以念台行世。台湾台中人，祖籍广东蕉岭，为台湾近代抗日先贤丘逢甲第三子，丘逢甲抗日失败后内渡故里，其居曰念台山馆，念台之名源于此，以示不忘台湾。曾赴日本东京大学学习，1925年返回国内，任职东北，后返广东担任教职。九一八事变，赴东北慰劳抗日义勇军。抗战爆发后，积极参加抗日宣传活动，并赴西北、西南等地考察，在延安拜会毛泽东主席。广州陷落之际，筹划组织民众抗日，获聘第四战区长官部少将参议，组建东区服务队，入驻罗浮山区，从事抗日活动。1943年任国民党台湾党部执行委员与调查委员，联络抗日台胞，开展对敌渗透工作。抗战胜利后，积极为维护台胞权益奔走呼号，避免不少台人被加上汉奸罪名，并组织台胞组成台湾光复致敬团向祖国致敬。“二二八事件”后任台湾省党部主任委员，1967年逝于日本东京。

晚年丘念台

丘念台与家人合影

十二集团军东区服务队组成初期合影（《岭海微飙》）

东区服务队在广东蕉岭，青年们进行分组讲习

1939 年春在广东蕉岭组织回国台胞参加抗日斗争

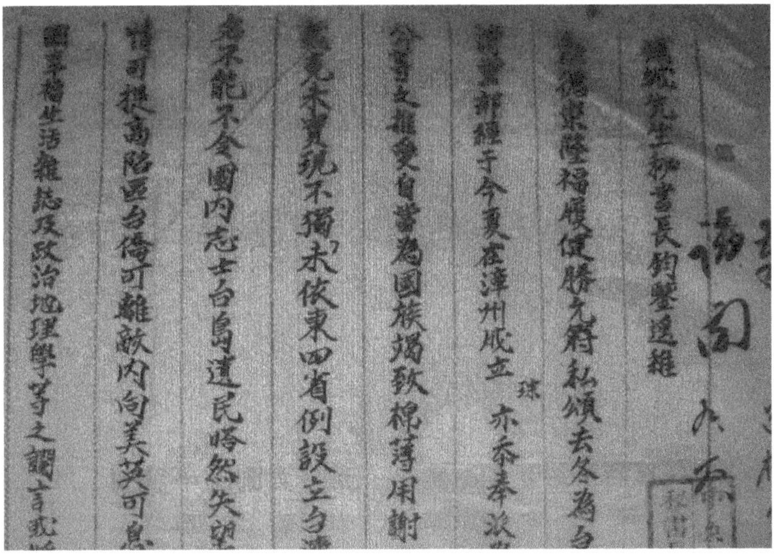

總裁先生秘書長鈞鑒逕維
德東隆福履便勝允符私頌去冬為台
灣黨部經于今夏在漳州成立 琭 亦忝奉派
分會之推愛自當為國族竭致棉薄用謝
竟未實現不獨未依東四省例設立台
省不能不令國內志士台島遺民啣然失望
時可提高陷區台僑可離敵內向美英可息
國某種生活雜誌及政治地理學等之讕言或將

丘念台（丘琮）:《请力促台湾复省》，原档存中国国民党党史会

丘念台述著:《岭海微飙》，海峡学术出版社，台北，2002 年版。该书为丘氏回忆录，记载了其自孩提时代到参与收复台湾活动数十年间的人生经历，包括参加革命、组织东区服务队、深入延安与毛泽东主席晤面、台湾光复后组织台湾光复致敬团等等内容

＊资料＊

请力促台湾复省

中国国民党党史馆特种档案　特17—1.41

请力促台湾复省（民国三十二年八月二十三日）

铁城先生秘书长钧鉴：

遥维勋德崇隆，福履健胜，允符私颂。去冬为台湾复省事曾特上书干渎，兹中央直属台湾党部经于今夏在漳州成立，琮亦奉派为执委，定为公等之推爱，自当为国族竭致绵薄，用谢盛谊。惟复省之议，对倭宣战废约已将两载，竟未实现，不独“未依东四省例，设立台湾省政府，即党部亦未敢用台湾省党部之名，不能不令国内志士，台岛遗民，嗒然失望”。事虽若极形式，然一复省制，则台岛革命热情可提高，陷区台侨可离敌内向，美英可息共管分治等妄议，否则弃权适足启侮，美国幸福生活杂志及政治地理学等之谰言，或将由继续嚣张而成为事实，尤其我放任台侨而敌则欺诱压迫并进，尽量运用岛内陷区人力物力，是我失助而倭增力，迂拙孰甚。孔子谓：治卫必先正名，名不正则言不顺，言不顺则事不成。复省之义，如此而已。英美不足虑，经费人员不足忧，六百万同胞断不可任敌用以残我，敬恳公力促台湾复省早日实现，国族幸甚，谨再奉渎，统希澄鉴。肃请党安。

旧属愚弟　丘琮谨上

卅三、八、廿三　于博罗福田东区服务队

（原档存台湾中国国民党党史会）

怎样纪念台湾沦陷四十九周年

——民国三十三年六月十七日

丘念台

中华民国三十三年，是我们台湾省沦陷给倭奴的四十九周年，四月十七日，是马关签约割让的纪念日，六月十七日，是倭奴开始施政，正式台湾沦陷的纪念日。就是自从四十九年前的那日起，我们台湾省的三百万同胞就做了战争的牺牲品，给倭奴做了半世纪的奴隶还不能翻身，到了现在，在台湾岛内有了六百多万的同胞，还在那里受苦，然而祖国的同胞，过去中了倭奴的离间政策，几乎把他们忘记，以为那里是另外一种民族，和高丽琉球一样，甚且以为都是生番；至多就是仿佛记得中国曾经有那么一块还没开发的海外领土，你说惨不惨呢？

人人都知道九一八是倭奴引起这次大侵略、大战争的开始，拿东北三千万同胞来开刀，想逐渐吞尽中国，驱除英美，称霸世界，但是，我想没有“四一七”、“六一七”的签约失地，就不会有联军的入京和日俄的大战，就不会有二十一条款和九一八的事变，所以六一七实在是倭奴侵占中国领土的开端，台湾省是较东三省更早的沦陷区。好了，七年的抗战，把这事实渐渐明朗起来了，自从开罗会议以来，人们逐渐知道我们还有个台湾省，知道我们还有六百多万祖籍闽粤的同胞在那里呻吟了。但是，我们在这洗雪过去、开创未来的当儿，我们内外的同胞，实在还有很多努力不够的地方，我们今天逢到沦陷四十九周年的纪念日，来反省勉励一下，也不是没有意义的罢！

第一，我是台湾省民众的一分子，我想先请我们归来祖国的台湾同胞反省勉励三（件）事：第一件，因为我们台湾同胞做了半世纪的亡国奴，我们对祖国的抗战建国实在负了双重的责任，就是说：我们若是较祖国同胞不加倍努力，将倭寇赶离了祖国，就不能收复台湾，不加倍努力将祖国的政治、经济、文化等建设弄好，也不能好好接收台湾；我们要埋头苦干，不可有丝毫私人的功名利禄念头，才可以从水火中救出我们六百万同胞。第二件，我们在祖国军政界做事的同志，此后应放胆即承认台湾的籍贯，堂堂皇皇为台湾为祖国努力，从前因为倭寇利用少数台湾浪人，推行离间政策，致使我们不敢认台湾，自从开罗会议以后，台湾省的地位已经确定。总裁做我们后盾，贤明的各省党政军领袖会做我们的后盾了。除非愚蒙的和别有不良意识的人，没有不爱护台湾同胞，再糟蹋台湾同胞的了。如果有地位的承认了台湾籍贯，这对台湾同胞，大家大胆地抗战，对建国还有很大的利益存在哩。第三件事，我们在祖国的台湾同胞，应负担起交通和组织岛内同胞的责任，使他明了战争的发展，使他准备在盟军登陆时如何做作。我知道岛内同胞的民族意识是还非常强烈，有很多是国内同胞所意想不到的地方。但是，倭寇的隔绝蒙蔽政策，也相当成功，不先有准备，将来是恐怕要和盟军的战事不能配合的。这三件，是希望在国内的台湾同胞做到的。

第二，我也是国内党政军人员的一分子，我想请国内党政军人对台湾收复工作要反省勉励三件事：第一件，要先彻底明了台湾原是我国一省，并非新改省，民原是我台闽粤同胞，并非另有台湾民族。而且，为什么会成为台湾一省，为什么会住我国是闽粤同胞？自然的也要都明白，才配谈收复。第二件，切不可拿过去老官僚在国内分地盘的意识，来临这新收复的台湾，如果有些少争权争利的官僚军阀成分渗入，台胞那么这东南半壁的国防重要堡垒，这有新人民新建设的省份，这有国际微妙关系的领土，必然会有很不幸而且要影响到祖国前途的结果。第三件，要拿独立自主的意识来收复台湾。民国三十年冬，我国和倭寇宣了战，马关条约就无效，台湾就仍然是我一省，我们自有我们的领土主权，不能因为现在海空军不足，就不敢主张自己的主权，国际关系固当顾全，自己的生存条件也要顾全，所以省名应当早复，这和东四省一样。这三件，是希望国内主持国务的同志注意的。

第三，我也是国民的一分子，我想请全国同胞在这可纪念的日子里反省勉励三件事：马关屈和台湾割敌到今，已经将近五十年了，俄国、德国、日本从前受了侮辱了都是二三十年就翻身，为什么我们五十年还没有转变呢？我们痛定思痛，我想：第一件，不要自私自利，没有团体就没有个人，没有国家就没有自己；几十年来的混乱斗争，致使国家衰弱，都是私字作祟。第二件，不要自高自大，能反省自责，才有进步，一味自称四强，自以为最后胜利已在握，这是危险的，我们要看看我们的领空都是我们的飞机吗？我们的领海都有我们的军舰吗？新式军需品和日用品都是我们自造的吗？第三，不要偷安享乐，战争的趋势，目前固然于我们有利，盟国处处助我，敌人处处失策，而且我有遗的（?）广土众民，有总理、总裁的先后领导，又有良好的民意表现，胜利确是日益接近了。但是，我们的重工业在哪里？我们的科学基础在哪里？漫无准备，悬不着实，现在就一味歌舞升平，贪争货利，坐享安逸，一旦国际情势有变，我们能受得起么？这三件，是希望全体同胞注意的！

以上九件事，我希望大家一齐努力！那么，明年是台湾陷沦的五十周年，就可以救出我们六百万同胞，恢复我们台湾省的失地罢！让我高呼着三民主义万岁，努力前进！

（《台湾青年》1944年第60号，《抗战时期收复台湾之重要言论》，台北：国民党党史会，1990年，第二〇一——二〇四页）

丘念台:《岭海微飙》节录

由于我北上考察期间，时常和广东的吴铁城主席、广州市曾养甫市长（兼市党部主委），与驻粤的十二集团军的参谋处处长赵良（一肩）等互有通讯，他们都明了我去西北考察的目标，是研究组训民众和游击战术。因此，当我返粤后，党政军三方面都要我帮忙，究竟该替哪一方面工作呢？取舍之间，煞费思量。结果，我认为抗战时期，军事第一，应该先替军方效劳，党政才有安定环境，于是由香翰屏和赵良两位介绍往谒十二集团军总司令余汉谋了。晤谈过后，承认他派我充任该部的少将参议，从此便以文人身份穿起戎装，服务军界，一直到日本投降，台湾光复，才解除军中职务。

当时我向余总司令提出组训全省民众的工作计划，他却要我策划消灭广州市内的汉奸，这虽是我三四年前自动协助政府做过的事，但这时环境已有很大的变迁，且敌军瞬将压境，都市决难久守，惟有赶快组训乡村民众，处处打击敌人，始能持久抗战。因此，我表示说："在这时才来消灭一时一地的汉奸是没有用的；如果能组织全省民众，尤其要组织热心抗日的知识青年，那么将来对于肃奸工作，也自然可以做到的。"余司令说："现时广东的民众组训工作、党政军三方面争着要做，我们不必和他们争。"我接着说："他们的办法很空洞，必然会失败的；我们可在不争的范围内来准备，一旦他们失败了，我们也不会没有基础。"他终于首肯了，并叫我等待时机。

曾养甫市长对我的工作趋向，颇有深切的了解。他知道我组织青年的用意，和所以注意争取去过延安的青年的意义。因为要是不做这一工作，广东的青年便会给共党拉去，以扩大他们的战时组织；但曾养甫的职掌，不过广州一市，而且广州市是日寇的大目标，对于组织青年工作，是无法发挥力量的。

民国二十七年十月初旬，武汉会战，情势不利。敌寇利用长江水道侵入鄂东田家镇以西地区，在蕲春、兰溪、巴河、黄冈、阳逻等处登陆，策应广济西进之敌。大别山北麓的日军，则先后攻占豫东南的商城、潢川及罗山；不久，信阳又告弃守，敌寇乃继续进袭武胜关，显然各线战况都已逆转。

在这紧急关头，广东也发生了战事。先期集结于台湾的四万日军，于十月十二日在南海大亚湾的澳头附近，用敌舰数十艘及飞机百余架掩护，强行登陆。我当地守卫队兵力薄弱，无法抗御，以致淡水、惠阳、博罗、增城、石龙等地先后失陷，广州成为敌军的主攻目标。

……

在广州弃守的前夕，即十月二十日夜间，十二集团军总部的联络官，突然约我去和副总司令香翰屏商议军务，原来是转达余总司令的意旨，叫我担任惠、潮、梅属廿五县的民众组训工作，即日出发，并给发筹备费毫洋二千元（约值现在台币二十万左右），指定归广东民众自卫团统率委员会指挥。

第二天早晨，广州已陷于混乱状态，我偕同部分青年工作人员，先到城北总司令部打听消息，守卫人员说，总司令已于昨夜北撤了；嗣到城东自卫团统率会，该会联络人员又告诉我，办事处今早已撤至四会，主任委员留话叫我到四会联络。于是立即集合全部工作人员十二位，轻装到黄沙雇艇过佛山，再赴四会，向民众自卫团团长黄任寰请示工作方针。他遵照余总司令的意旨，指定我去惠、潮、梅属二十五个县区组训民众，参加抗战工作，定名为“东区服务队”。工作方面，首先号召各地热心抗日的知识青年，加以组织训练，使能积极协助政府动员民众，进行长期抗日战争。

……

东区服务队原有基干十来位，后来逐渐增加到三十多人。最初对于驻止训练中心的选择，颇费筹措；嗣乃选定我的家乡蕉岭县文福乡，希望从较有利的环境做起，然后渐次向外发展。在蕉岭文福乡居留三四个月，对于训练青年和组织民众，已收到相当的效果。由队员一手组训的各县青年计一百二十余人，当地民众约三千多人，虽然不敢说有何成绩表现，但给予社会的影响力量却很大。那是以事实告诉大家：要救亡图存，就必须把自己武装和组织起来，才有力量对付敌人。

第二步的工作计划。原打算以梅县清凉山为中心，联络五华的驻军指挥所主任张端贵，扩大民众训练和组织，包括韩江上游的五六个县区在内。不料有人向重庆中央方面密告我联络共产党，效法共产党，想组织游击区。究其实，他们没有了解我的工作旨趣所在。虽然东服队里有八九位去过延安的队员，但我事前已获得上级的特别谅解，认为可以收容这些分子在政府指挥下协助工作的；如果予以歧视，他们就索性投靠共党去了，还不是政府的损失！

十二集总部对我个人原无置疑之处，不过人怕冷言，闲话听得多了，党政军机关的同事们，都用奇怪眼光来看我；有些乡间的戚友，听到外间的流言蜚语，对我所做的工作，也不免诧异疑惑了。这叫我如何去分头辩释呢？只有坚定信念，端肃行动，凡百举措，求其心之所安而已！

武汉会战结束后，各战区战斗序列重新调整。张发奎出任第四战区司令长官，对我率领东服队从事组训民众，参加抗日，以致受人密告的事，他已有所耳闻，暗中表示同情。民国二十八年春，外间讲我闲话的越来越多，适我因东服队经费将罄，到翁源三华的十二集总部去请饷，余汉谋总司令和香翰屏副总司令特别偕我去见张发奎长官，从中代为解释外间的误解。张长官立即叫我到南雄军政党训练班担任教官，讲述共党组织方法与训练民众游击问题。这证明上级还是信任我的。

既然得到信任与尊重，那我便应发挥我的素志，把考察延安所得的那一套，指出其得失所在，毫无保留的讲给受训的军政党部参考……。同时希望他们回到自己单位之后，必须把握时机，争取工作表现，切不可墨守旧套，事事被动。

训练完毕后，张发奎对我的讲课很满意，找我去谈话。他说："前些时候，有七位国民党中委在四战区长官部聚谈，其中四位都说你一定是共党，只有我和余、香两司令不敢苟同。所以我请你到南雄训练班去演讲，让他们了解你的意志，幸而结果很好。"这些话由张长官坦白道出，对于屡遭诬谤的我，自然是给予精神上的一大安慰与鼓励！

接着他又说："我现在打算聘你做长官部的少将参议（原任十二集总部参议），而东区服务队则不必改归四战区长官部，仍由十二集总部政治部指挥，驻地请你斟酌选择。"我当即选定了与日寇短兵相接的广州外围的罗浮山区，张氏极感高兴。他说："那边现在归惠州指挥所主任香翰屏指挥，香主任对你早已了解，必可顺利推进工作。"我向他表致感谢之意，并请其多赐指教，俾有遵循。

在我辞退之前，张氏还希望我征求东服队的队员加入国民党，我回答说可以遵办。当时我觉得用实际工作来答复外间对我的中伤，比任何辩解都来得切要。所以在回抵驻地后，便劝说全队队员办理入党申请；可是县党部和省党部都没有批准，不论为了什么原因，我都应该把这一经过报告张长官，俾能了解实情。

在南雄和曲江洽办公务完毕，我就回蕉岭准备带领东服队去潮州。因为驻防潮汕的独九旅旅长华振中是我的好友，他曾邀请我们在去惠州之前先到他的防地，做些军队政工和组训民众的工作，并考虑在揭阳附近的八乡山建立游击基地。这一套新的做法，我们是有把握开展的。于是，我们的队伍由蕉岭出梅县，经丰顺、揭阳而至华旅长驻军的潮安县登塘、白水等地，留驻军中约三个月，教学相长，彼此均甚有裨益。

东区服务队成立之初，我们在梅江舟中设计了一个圆形的队徽，黑红两线圈边，中间用斜线分开半圆。上黄下蓝，并绘山河线形，即显示祖国西北大陆和东南海洋的形象。它的涵义是：以铁血保卫祖国河山。又由我撰作一首队歌，其词如下：

南海风波恶，
惠、博、增、从落，
白云山下倭兵著！
步行二千里，东区服务队，动员民众自卫！
团结，严厉，自省，奋斗，牺牲！
岭外三州作根据，除人民疾苦，善人民生计。
大家齐奋起，老幼男女，
必收复失地！

我们这首队歌，是自民国廿七年广州陷敌那年起，用到民国三十四年日寇投降，广州光复那一年为止。我们还把十月廿一日广州陷敌的那一天，作为东区服务队立队纪念日。

罗浮山动员民众抗日

罗浮山是广东名山之一，西距广州二百余里，东至惠州约百多里。位于增城县之东，河源县之西，博罗县之北，龙门县之南，横跨四个县境，蜿蜒数百里，联合罗山与浮山合称之为罗浮山脉。

一般所说的罗浮山胜地，是在增城县城东北及博罗县城西北的主山之上，海拔一千二百公尺，远望浑圆如宝盖，瑰奇灵秀，林木苍郁，寺观古刹，雅丽堂皇，共有五观五寺之胜。居山僧道一千数百人，以道士为多。战前，自远近各地前往礼仙拜佛或游览的人，络绎不绝，所以庙观香火极为鼎盛。

相传东晋关内侯葛洪（葛仙翁）远闻罗浮山产丹砂，便带同妻子鲍姑到该山静居炼丹，终于得道成仙，后人便把炼丹故址保存下来。这一段故事更增加了罗浮山的神秘性，凡是上山游览的雅客逸士，总要到葛仙的炼丹故址去瞻仰一番。

这座超脱世俗的名山，自日寇侵入广东后，已陷于战火包围圈里。周遭县区如增城、东莞，则久沦敌手；博罗、惠阳、宝安等地，则敌骑进退无常，践踏蹂躏，沦陷数次，民间饱尝兵燹流离之苦。所幸一切战事都在罗浮山周遭的城市进行，山上寺观及其他设备没有受到破坏；但是香火客便绝无仅有，居山的道士与和尚惟有耕作自给了。

至于罗浮山周遭的乡村，早已成了半沦陷区，敌我双方都不很管，当地民众只有自己维持社会秩序，和自谋战时防卫的办法。这些三不管的地区，就是我们东服队做敌前敌后政治工作的根据地。可惜当时政府对这等地区不太看重，而我们服务队的力量又太薄弱；一到抗战结束，罗浮山南麓便成为“共党两广纵队”的根据地了。

民国二十八年秋，我由潮安抵达惠州防地，东服队全体队员，则延至冬间始到惠州。由于军事主管准照已定军政配合计划，我们并不跟军队驻扎一起，而是得以自行选择敌前或敌后地区为驻地的。

关于驻地问题，经过我们自己踏查研究，早和四战区长官张发奎与惠州指挥所主任香翰屏商量好了，所以队伍一到，便奉命开拔博罗县境的罗浮山南麓地区，从事御倭、防匪、安政、教民的工作。但由是一住六年、直至抗战胜利为止，则是我始料不及的。

不过留住罗浮山区的六年中，由于外间的中伤，和敌人的来犯以及转变工作等关系，曾经三次调回后方，三次进出罗浮山区，其中冤抑经过，说来是够伤心的。幸得两位战区长官张发奎、余汉谋和前惠州指挥所主任香翰屏，以及往后继任者陈骥、张光琼、叶勉予等，都能对我自试探而了解而信任，知道我的做法虽有些和共党相似，但精神则完全迥异；……我们虽有困苦冤抑，力量不能发展，但最后上级已经了解，队伍仍然保存，不致完全被解散消灭，那算是很侥幸的了。

以我们驻地的周遭环境而说，当时日寇占据增江以西地区，固守广州的外围防线；增江以东地区的日军虽时有进出，但平时大都放弃不顾。所以我们能够长期驻扎罗浮山麓，与敌人隔江对峙，互相监视。共党的游击部队是在我们驻地的南边，即距离日寇军要地区更远的惠阳、东莞一带……

我们进驻罗浮山区的初期，本打算建立民间的武装组织，也就是实践第二期抗战的要旨："政治重于军事，民众重于士兵，精神重于物质，组织重于征调。"当时进行建立武装组织，政府没有供应饷械，只靠我们运用工作情感去说服民众，各自提供平时用以防盗的枪械，加以编组训练。经过半年的联络登记，已组成了一个大队共约三百多人，早晚鸣锣集训，讲习项目包括：民族精神讲话，各地抗战动态，和游击战术等，尤其着重指导怎么配合当地环境去号召民众，参加抗敌的各种方法。

不幸的，正当工作顺利开展之际，却发生了意外的事情。因为那是惠州一带，有港、九青年和惠州各县青年组织的抗日政治工作团体，名叫“东江服务团”，与我们东区服务队的名称近似；但他们由于思想行动有共党的嫌疑，已被军政当局下令解散了，而我队因工作方针和名称与它有些相同，也就连带的招致外间都怀疑了。

后来，余汉谋长官叫我们东服队不要管领武装队伍，将原已组成的民众武装大队，移由博罗县长黄仲榆（故立法委员）指挥，我立即照办。但这些自备饷械的村民队伍，不是地方官所能随便调动的；果然不久之后，这三百多人就等于无形解散了！

我队原领作为自卫用的手榴弹和手枪，也是武装配备的一部分，索性扫数交还惠州指挥所，省得麻烦。事实上也无需要，因为前线到处的民众武装，都会忠诚地保护我们；但是全队仍然穿军服，配军徽，保持军队的编派。

……

民国廿九年秋间，余长官和陈主任决定把我们的队伍调离罗浮山区福田乡，转赴惠州以东的横坜镇。

……

横坜距离前线较远，惟因文化落后，文盲众多，我们的工作便以安政教民为目标了。在居留的六个月中，完成一项新的计划，就是每保办一间战时小学校，以横坜为中心，逐渐向周围发展，终于试办成功了。我们的大部分队员做了无薪给的临时教师，距离横坜较远的学校，就代向外县招考教员，前往教学。

到了民国三十年春，上级对我队的作风，已有较多的了解；指挥所主任陈骥又请准上峰，把我队调回罗浮山区的前线。但我们仍然继续推进一保一间小学的工作，积极向附近县区发展，包括惠阳、博罗、紫金、河源等四五个县区，先后办了四十五间小学。

当时由于战事影响，各县县府搬迁频仍，无法兼顾乡教工作，我们等于做了各县综合的教育科长，所有呈请立案、筹款、聘师、招生，都是我们替其包办。男队员分担各校日间功课，女队员则主持各校妇女夜班，大家忙个不亦乐乎！迨民国三十三年，我们就在罗浮山的冲虚观借地创办了一间罗浮中学，收容附近小学毕业的学生。老百姓对我们很好，校务发展颇速。可恨的，日寇进退无常，当次年博罗县第四次陷敌，罗浮中学就不能维持下去了。

有一件使我意想不到的事，就是在罗浮山留驻期间，从一批汉奸死刑犯中，拯救了五位台湾籍的男女青年，后来由我请准上级补为东区服务队的队员。这批三男两女的台湾青年，都系大专程度，为了效劳祖国想去重庆，于民国二十九年由台湾潜赴香港转往惠州，被我防军捕获，认为是日本潜入内地刺探军情的汉奸。他们只能表达效劳祖国的衷忱，却提不出什么证据来，军方指其嫌疑重大，准备全体予以枪决，免贻后患。

幸当时指挥所有一位陈姓军法官，觉得该案全判死刑，有待慎重研究。他知道我和台湾关系很深，便叫我再行审问一次。他们都坚决表示不是替日本做工作，并各自述说爱慕祖国的热诚挚意，而且他们的父兄亲友，有些我都知名，所以容易了解其实情。

于是我叫他们各写陈情书一份呈送上级，并替他们请求暂免执行枪决，解往后方察看侦审。后来在桂林看管了半年调回曲江时，便全体释放了。我听到这个消息，立即呈请七战区把他们派到我队服务，这是我们立队以来最感痛快的事了，有了五位台籍青年参加前线抗日工作，更增添了我队的特色与光荣。

他们入队的主要工作，是协助审问日本俘虏。由于他们通晓日语，兼用温和态度对待日俘，所以能够问出许多富有情报价值的话来，对于国军不无贡献。

自民国三十二年冬起，至三十四年抗战胜利广州光复止，我蓦地奉派转任台湾党务工作，为了策进收复台湾，虽曾奔走于粤闽之间，但仍然以罗浮山区为根据地。因为我们在那边已有了民众基础；而地位适中，东达广州，南至港九，西面汕头、厦门，对外联络都很方便。

抗战期间，日寇在华南方面，多强迫台胞做他们的走狗，因之，被征留驻广、九、港、汕、厦等地的台胞，综计不下八九万人。如果要做台湾的联络渗透工作，自然在惠、博地区最有方便之处。此时，政府已开始从事收复台湾的布置，这是我毕生蓄志忍苦以求的愿望。如今既已胜利在望，我便应竭尽全力协助本党与政府，来铺筑光复台湾的坦途了。

回想进出罗浮山区六个年头的生活处境，可以说是苦多乐少，感慨良深！我是坚决拥护政府抗日的，而且牺牲了自己研习的本学，走向穷乡僻壤去组训民众，感化青年；走向最接近敌人的前线地区去清除奸伪，和发动武装打游击。凡是我们到过的地方，都能赢得民众的信任与拥戴，赢得部队的爱护与亲近，这些是差堪自慰的。

尤其各地的知识青年们，对我们东服队更为仰慕拥护，有许多位是从数百里外的地区徒步前来投效的，实在令人感动。前后经过我队组训的青年男女，不下五六百人，都是欢欣而来，满意而去。为什么会有这个结果呢？我想，大概是由于下列的几种因素所促成的：

第一，因为我们是真诚抗日，并无虚伪，没有爱国以外的政治色彩。

第二，我们的对内工作，确是为民众为士兵谋求福利，解除痛苦。

第三，我队除了工作之外，能够发挥集体学习的精神，队员入队半年之后，他的文字和常识必然大有进步。

第四，我们上下老幼，生活工作在一起，甘苦祸福与共，亲爱和睦，互信互助，正和家族一样。

第五，我们队里有充分而广泛的娱乐活动，包括歌曲、戏剧、绘画、运动、写作等，可以各尽所长的来为抗日而共同表现，生活上没有枯寂的感觉。

第六，我们纪律严肃，起居、饮食、服勤、奖惩，都和部队士兵一样。

综合的说，我们东服队的生活方式与内容，乃合家庭、学校、部队、教会而为一的。所以能够博得知识青年的仰慕，到处有人请求入队。

……

六年过去，胜利来临，深受苦乐恩怨，已付之一笔勾销了。回想这六年当中，除了最后一年半转变党务工作外，其余四年多时光，究竟我们东服队对军事有什么贡献呢？现在试检讨一下：

第一，我们曾经计划组训游击队，由自己来指挥作战，虽然没有达成目的，但我们已动员了五县沦陷区的民众，坚决而有组织的参加抗日的战斗序列。他们完全采用游击战的战术，就是：避大敌，阻小敌，若力能克敌，便加以残灭，遇有国军到来，则出而协助。

第二，鼓舞正规军，劝导游击队，使他们都能亲民、爱国、用民，促成军民合作、共同抗敌。

第三，在半沦陷区，维持教育，调解纠纷，并策进维护治安秩序。

第四，协助国军的进攻和后撤的运输与交通。

第五，供给国军以最正确的敌军活动情报，俾作攻守参考。

以上五项，是东服队确切做到的事，也可以说是我们在罗浮山区对军事上的一些小贡献吧！

（丘念台著述：《岭海微飙》，台北：海峡学术出版社，2002 年，第 200—216 页）

第五章

中国共产党对台胞抗日斗争的支持

抗日战争时期，中华民族面临生死存亡，在这关键时刻，作为中国无产阶级的先进代表，中国共产党领导人民向日本帝国主义作坚决的斗争。这个时期的中国社会，中华民族与日本帝国主义的矛盾成为主要矛盾，打倒日本帝国主义成为整个中华民族的最高利益诉求。为此，中国共产党提出了团结一切可以团结的力量，联合抗日，共同争取抗日民族解放战争的伟大胜利。1937 年，随着西安事变的和平解决及第二次国共合作的开展，尽管国民党顽固派频繁制造摩擦，但抗日民族统一战线已然形成、发展并在抗战中发挥着重要的作用。

鲜为人知的是，中国共产党人并没有忘却台湾。延安出版的《解放》杂志，经常刊发有关支持东亚弱小民族革命的文章，其中就包含了台湾，毛泽东主席在接受美国记者斯诺采访的时候，也谈到了台湾。不过，早期的台湾事务是被放在与日、韩一道同时并列提出的，那个时候，日、韩、台或高丽、台湾被作为同处日本帝国主义统治下的地域看待。这样的处理有其特殊的历史背景，因为《马关条约》虽然是不平等条约，但在当时的国际背景下，只要日本不主动放弃，它就依然被视为是“有效”的，就如台湾革命志士李友邦所说的，除非祖国公开提出收复台湾的号召，因此中国共产党的台湾政策受到了客观条件的制约。但是，随着1941年底太平洋战争的爆发及中国对日宣战，公告废除包括《马关条约》在内的所有对日条约，公开宣示将收复台湾之后，形势为之一变，中国共产党作出了积极响应，公开支持在祖国的台籍志士的复台努力，为台湾光复作出了力所能及的贡献。

中国共产党与台湾抗日志士的接触有着久远的历史，20世纪20年代中共领导人瞿秋白、彭湃就曾在上海对台湾共产党的成立进行指导，台湾的共产主义者在中共的介绍之下远赴莫斯科学习，共产党员翁泽生等在厦门、南京、上海多地开展抗日活动，闽南地区的革命斗争中也有台籍战士的身影，一些台籍党员还参加了举世闻名的长征。全面抗战爆发后，周恩来同志视察东南地区工作期间，也特别就台湾义勇队的创建提出了宝贵的指导性意见，共产党员不仅参与了义勇队的成立、促其发展，还一度在义勇队内成立了党的秘密支部。台湾革命同盟会在大后方的活动，同样引起中共的高度重视，他们积极支持台湾革命同盟会的抗日复土宣传活动，《新华日报》并曾辟专刊予以大篇幅的报道，并连续发表社论，追溯台湾与祖国的历史渊源关系，歌颂台湾民众不屈不挠的抗日斗争事迹，号召与台湾同胞一道英勇抗战、收复祖国的失土台湾。其余如东区服务队乃至保守的台湾党部也都或多或少地受到中共的影响。换言之，抗战时期中国共产党对台湾同胞抗日斗争及光复台湾的努力均给予了全方位的支持。

中国共产党的支持和帮助，是台湾抗日志士在祖国抗日斗争得以发展的重要条件之一，党的影响给台湾革命运动打上了深刻的烙印，在祖国的台籍抗日志士中，其中除了加入中共的党员之外，一般的台胞中不少也深受共产主义思想的影响，对台湾美好的明天充满期待。正如谢南光当时就毫不隐晦地说过“（台籍抗日志士）一些人主张建设社会主义的新台湾”。因此，抗战时期倾向中国共产党的主张、愿意为新中国奋斗的台胞不乏其人。建国后他们当中的一部分人成为了参与祖国建设、长期为海峡两岸统一大业作贡献的重要力量。

中共领导人与《新华日报》有关报道图片

抗战时期毛泽东、朱德、周恩来合影

周恩来与新四军军长叶挺、副军长项英留影，巡视东南期间给台湾义勇队指示

抗战初期的周恩来

重庆《新华日报》营业部（苏小渝摄）

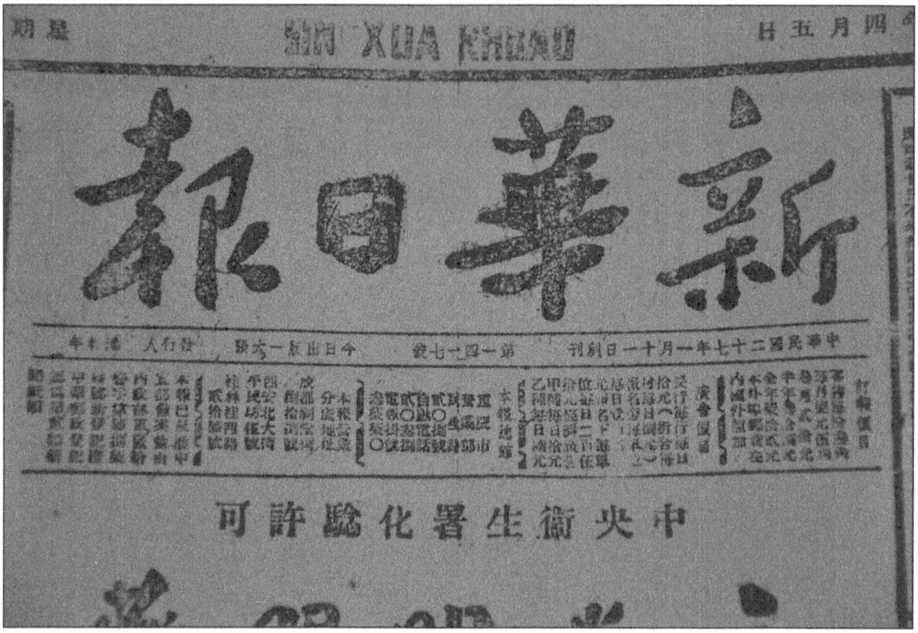

新華日報

中央衛生署化驗許可

《新华日报》

社論

台灣，回到祖國來！

台灣是中國的一部分。它有三萬六千平方公里的面積，當江蘇省全面積的三分之一強。在總人口五百六十四萬餘人中，我們的同胞，就佔了五百萬以上。一八八五年，劃為我國行省之一，到了一八九五年，甲午戰後，中日簽訂馬關條約，第二款中規定「台灣全島及所有附屬各島嶼及澎湖列島，永遠讓與日本。」這是日寇武裝侵略和清廷辱國外交的惡果。從此我國的台灣，便淪為日寇的殖民地，而台灣的同胞，也成了日寇的奴隸，遭受最殘暴的壓迫。屈指算來，已經四十八年了。

然而，台灣人民決不甘為日寇的奴隸。他們反對日寇侵略的鬥爭，始終也沒有停止。還在上月二日，我們紀念了台灣民主國的四十八週年。這是在古老的東方，第一次高揚抗日民主的大旗。回憶當時紳民迎

中國軍民抗戰意志堅忍偉大

社论：《台湾，回到祖国来!》（一），载《新华日报》1943年6月17日

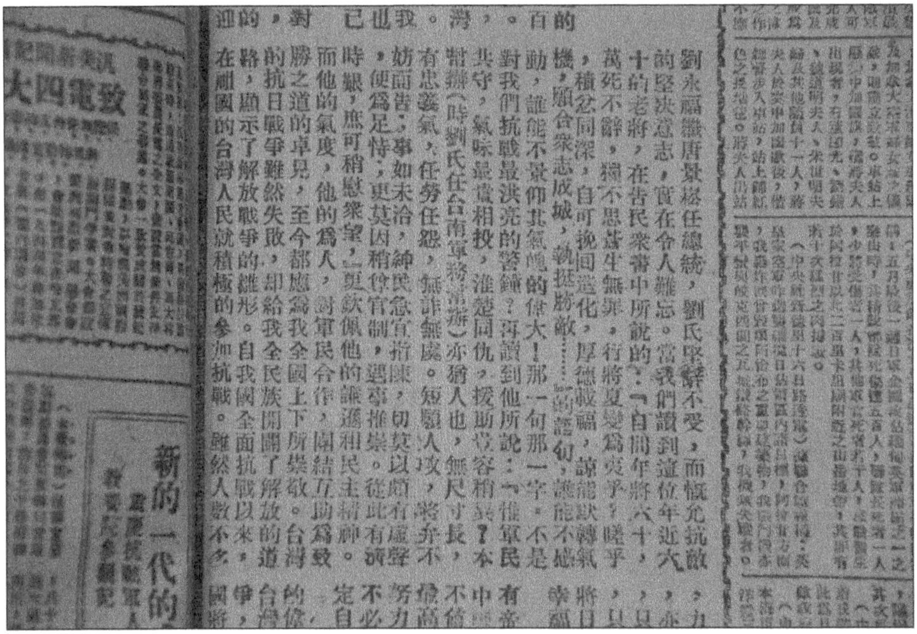

劉永福繼唐景崧任總統，劉氏堅辭不受，而慨允抗敵的堅決意志，實在令人難忘。當我們讀到這位年近六十的老將，在告民衆書中所說的：「自問年將六十，萬死不辭，獨不思蒼生無罪，行將夏變爲夷乎？嗟乎，積忿同深，自可挽回造化，厚德載福，諒能默轉氣機，願合衆志成城，執挺禦敵……」的語句，誰能不感動，誰能不景仰其氣魄的偉大！那一句那一字，不是對我們抗戰最洪亮的警鐘？再讀到他所說：「惟軍民共守，氣味最爲相投，滇楚同仇，援師豈容稍緩？本幫辦（時劉氏任台南軍務幫辦）亦猶人也，無尺寸長，有忠義氣，任勞任怨，無詐無虞。短處人攻，將弃不妨面告；事如未洽，紳民急宜指陳，切莫以頗有虛聲，便爲足恃；更莫因稍存官制，遇事推諉。從此有濟時艱，應可稍慰衆望。」更欽佩他的謙遜和民主精神。而他的氣度，他的爲人，對軍民合作，團結互助爲致勝之道的卓見，至今都應爲我全國上下所崇敬。台灣的抗日戰爭雖然失敗，却給我全民族開闢了解放的道路，顯示了解放戰爭的雛形。自我國全面抗戰以來，在祖國的台灣人民就積極的參加抗戰。雖然人數不多，

社论：《台湾，回到祖国来！》（二），载《新华日报》1943 年 6 月 17 日

力量不大，他們却始終不懈的奮鬥。而各革命團體，亦皆能團結一致，努力於光復運動。台灣人民知道，只有發揚劉永福的抗日民主的傳統，只有加强團結，只有積極參加祖國的抗戰，獲得徹底的勝利，才能將日寇驅逐出台灣，回到祖國的懷抱，過着民主自由幸福的生活！

國外有少數不明歷史發展，不顧實際情況，而抱有帝國主義思想的人們，曾經叫囂一時，要將台灣從中國的母體割裂出來，高談國際共管的謬論措置，實不値識者一笑。而且，台灣的前途，有大西洋憲章爲最高原則，台灣的命運，決之於中國的抗戰，台人的努力和各國人民對民族自決的尊重與遵守。因此我們不必與持謬見者爭辯不休，而應該用最大的力量來決定自己的命運。

台灣的同胞們，今天只有加緊團結，與祖國抗戰的偉力匯合，積極的參加抗戰，並盡一切方法，和在台灣的同胞結合，培養他們成爲抗日的力量，起來鬬爭，才能粉碎一切謬論，重新回到祖國來。別離了祖國將近五十年的台灣，快踏着艱苦鬬爭的血路回來！

社论：《台湾，回到祖国来！》（三），载《新华日报》1943 年 6 月 17 日

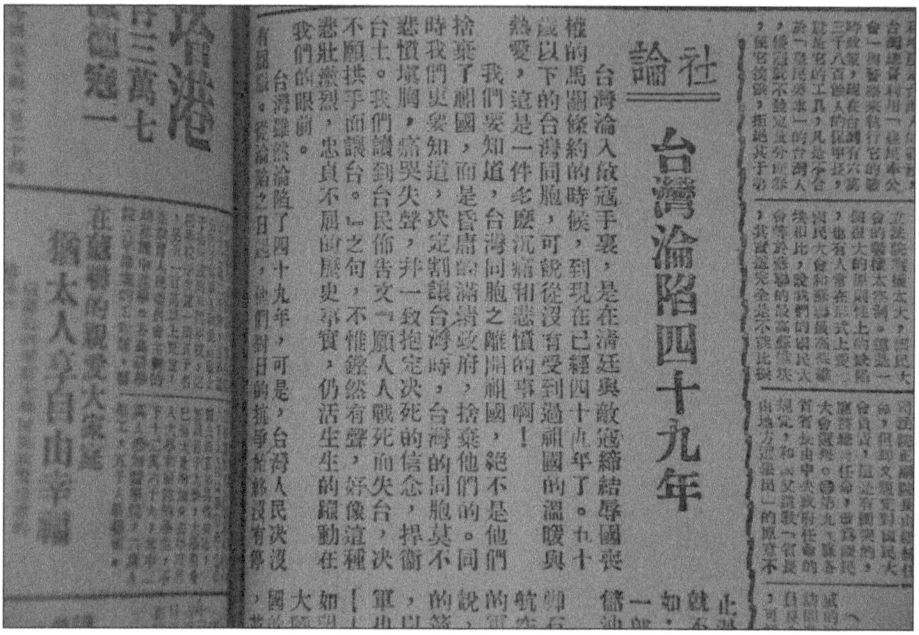

社論

台灣淪陷四十九年

台灣淪入敵寇手裏，是在滿廷與敵寇締結辱國喪權的馬關條約的時候，到現在已經四十九年了。五十歲以下的台灣同胞，可說從沒有受到過祖國的溫暖與熱愛，這是一件多麼沉痛和悲憤的事啊！

我們要知道，台灣同胞之離開祖國，絕不是他們捨棄了祖國，而是昏庸的滿清政府，捨棄他們的。同時我們更要知道，決定割讓台灣時，台灣的同胞莫不悲憤填胸，痛哭失聲，並一致抱定決死的信念，捍衛台土。我們讀到台民佈告文「願人人戰死而失台，決不願拱手而讓台。」之句，不惟鏗鏘有聲，好像這種悲壯慷慨，忠貞不屈的歷史事實，仍活生生的躍動在我們的眼前。

台灣雖然淪陷了四十九年，可是，台灣人民決沒有屈服，從淪陷之日起，他們對日的抗爭始終沒有停

社论：《台湾沦陷四十九年》（一），载《新华日报》1944 年 4 月 17 日

止過。單就抗戰的這幾年來說，台灣同胞反日的事件就不斷發生，而且有若干可歌可泣的革命偉績。例如：台灣工黨領袖高斐所領導的礦工暴動，蕃人花岡一郎兄弟所領導的霧社蕃人大暴動，以及炸毀久留米儲油池的大暴動等，都是令人興奮而值得敬仰的。

敵寇掠奪台灣之後，就把台灣當作向南發展的踏腳石，在這三萬六千方里的土地上，竟建築了十多個航空基地，又在台灣與澎湖兩地設置了大小四個以上的軍港。足見敵寇對台灣的地位的重視。從盟軍方面說，尼米茲將軍和麥克阿瑟將軍曾經預計：盟國軍力的箭頭將指向菲律賓群島，從而在南中國海沿岸登陸，以中國大陸為基地，對日進攻。因此，台灣對於盟軍也是重要的。因為台灣和福建之間，僅隔一衣帶水，——台灣海峽，南越巴士海峽，恰與呂宋遙相對峙，如盟國軍隊到達了呂宋，這台灣正像一個進向南中國大陸的跳板。台灣人民為了自身的解放，早日回到祖國懷抱，一定要積極動員起來，努力進行抗日鬥爭，並在打擊日寇的勝利中，協助盟軍。

社论：《台湾沦陷四十九年》（二），载《新华日报》1944 年 4 月 17 日

開羅會議既經正式決定把台灣歸還中國，我們在祖國的人民，也正熱烈地期待着台灣的同胞們能夠儘快的粉碎敵寇加在他們頸項上的枷鎖。而盟國對台灣人民，也有給以積極援助的責任。我國內上下，尤須給予切實的幫助，並應該有足以動員全台同胞的措置。比如，今天台灣阿里山中的游擊隊（由礦工暴動失敗後，逃入山裏組成的），就需要我們在物質和幹部方面給以協助。他們的鬥爭，也需要我們多加宣傳和鼓勵。

因為交通的關係，我們對台灣的情形，知道得太少，因此，不嘗談給台灣的人民和鬥爭幫助，有不少的困難，以至於暫時不可能，就是想把敵寇在台灣的殘忍統治和暴行，以及人民的抗日鬥爭，向祖國同胞去宣傳，也感覺得困難。所以，歸根結底，目前最切實而重要的，還是在國內的台胞，應該團結一致，參加祖國抗戰，為台灣人民準備幹部，同時，盡可能和台灣的人民取得聯系，了解他們的情況，給他們以鼓勵。

社论：《台湾沦陷四十九年》（三），载《新华日报》1944 年 4 月 17 日

社論

論台灣解放運動

社论：《论台湾解放运动》（一），载《新华日报》1944 年 6 月 4 日

社论：《论台湾解放运动》（二），载《新华日报》1944 年 6 月 4 日

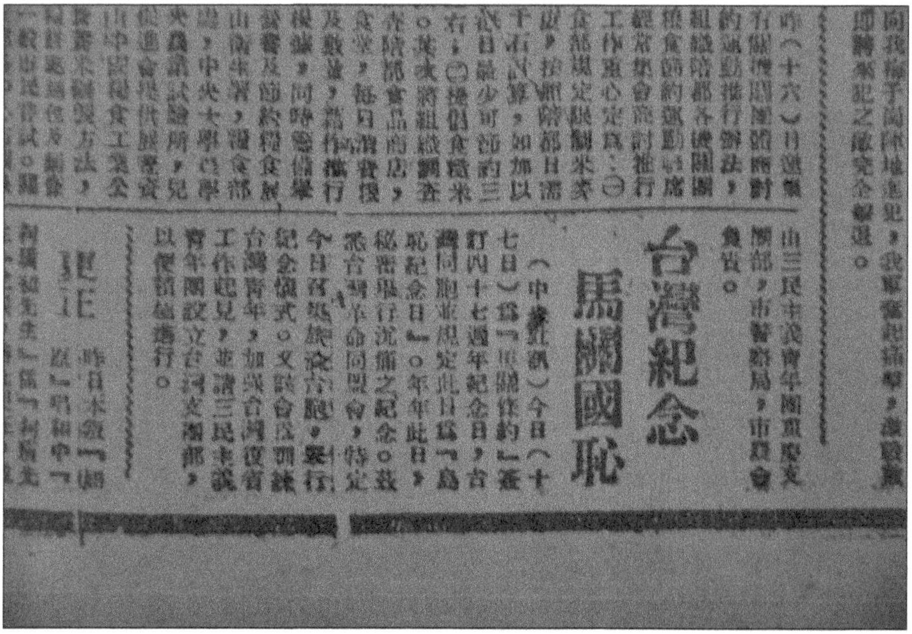
台灣紀念 馬關國恥

《新华日报》涉台相关报道

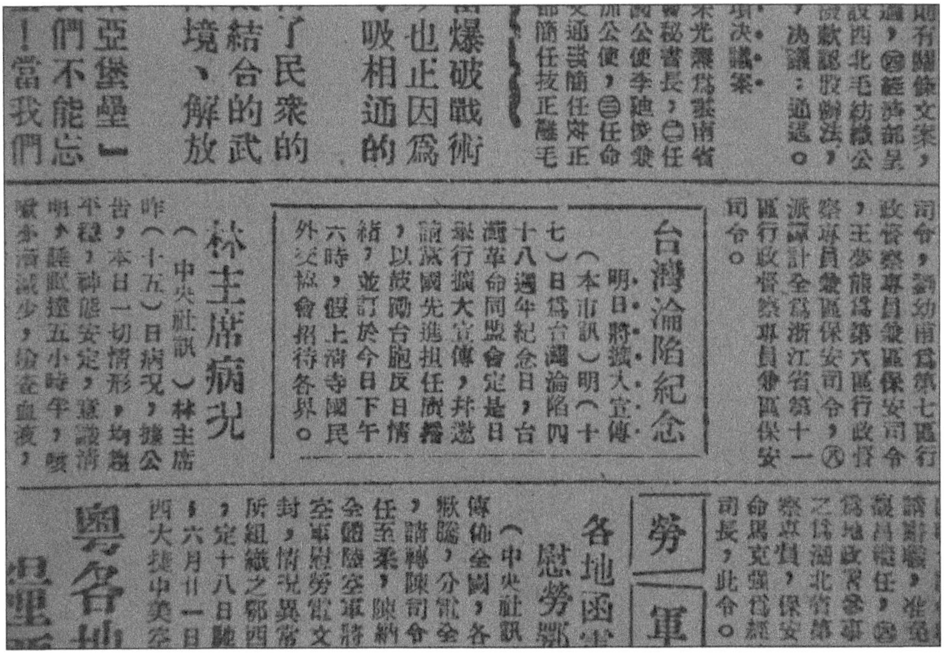

台灣淪陷紀念

明日將擴大宣傳

（本市訊）明（十七）日爲台灣淪陷四十八週年紀念日，台灣革命同盟會定是日舉行擴大宣傳，幷邀請黨國先進担任廣播，以鼓勵台胞反日情緒，並訂於今日下午六時，假上海寺國民外交協會招待各界。

林主席病況

（中央社訊）林主席昨（十五）日病況，據公告，本日一切情形，均幾平穩，神態安定，…

《新华日报》报道台湾革命同盟会将举行台湾沦陷48周年纪念

台灣淪陷四十八年

今日舉行紀念

台灣革命同盟會請各名流廣播

《新华日报》继续报道台湾革命同盟会举行台湾沦陷48周年纪年会盛况

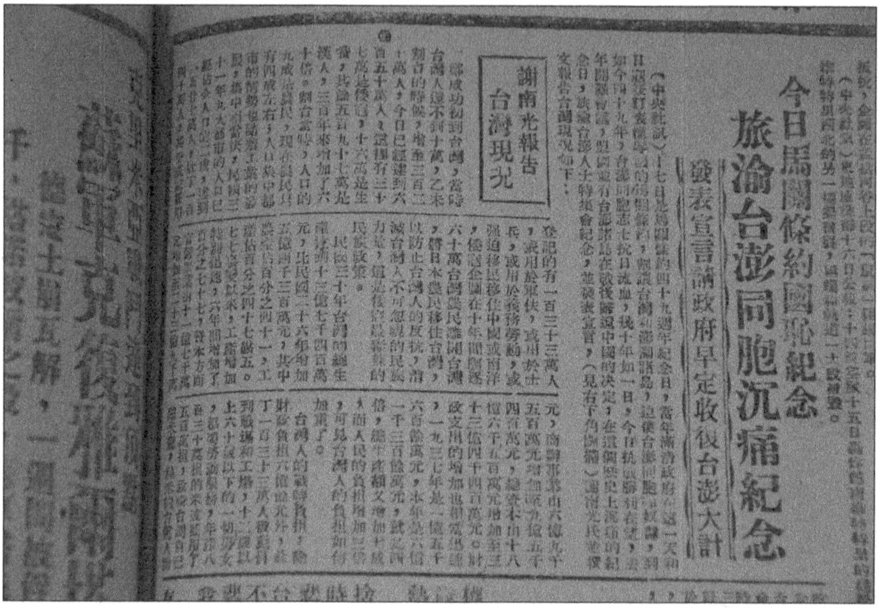

今日馬關條約國恥紀念

旅渝台澎同胞沉痛紀念

發表宣言請政府早定收復台澎大計

謝南光報告台灣現况

《新华日报》：台湾革命同盟会纪念马关条约国耻，呼吁政府早定收复台澎大计

台灣革命同盟會

呈請設立省府

俾五十年失地得以重光

國府褒揚

鍾榮光

《新华日报》刊登消息，台湾革命同盟会呈请设立台湾省政府，“俾五十年失地得以重光”

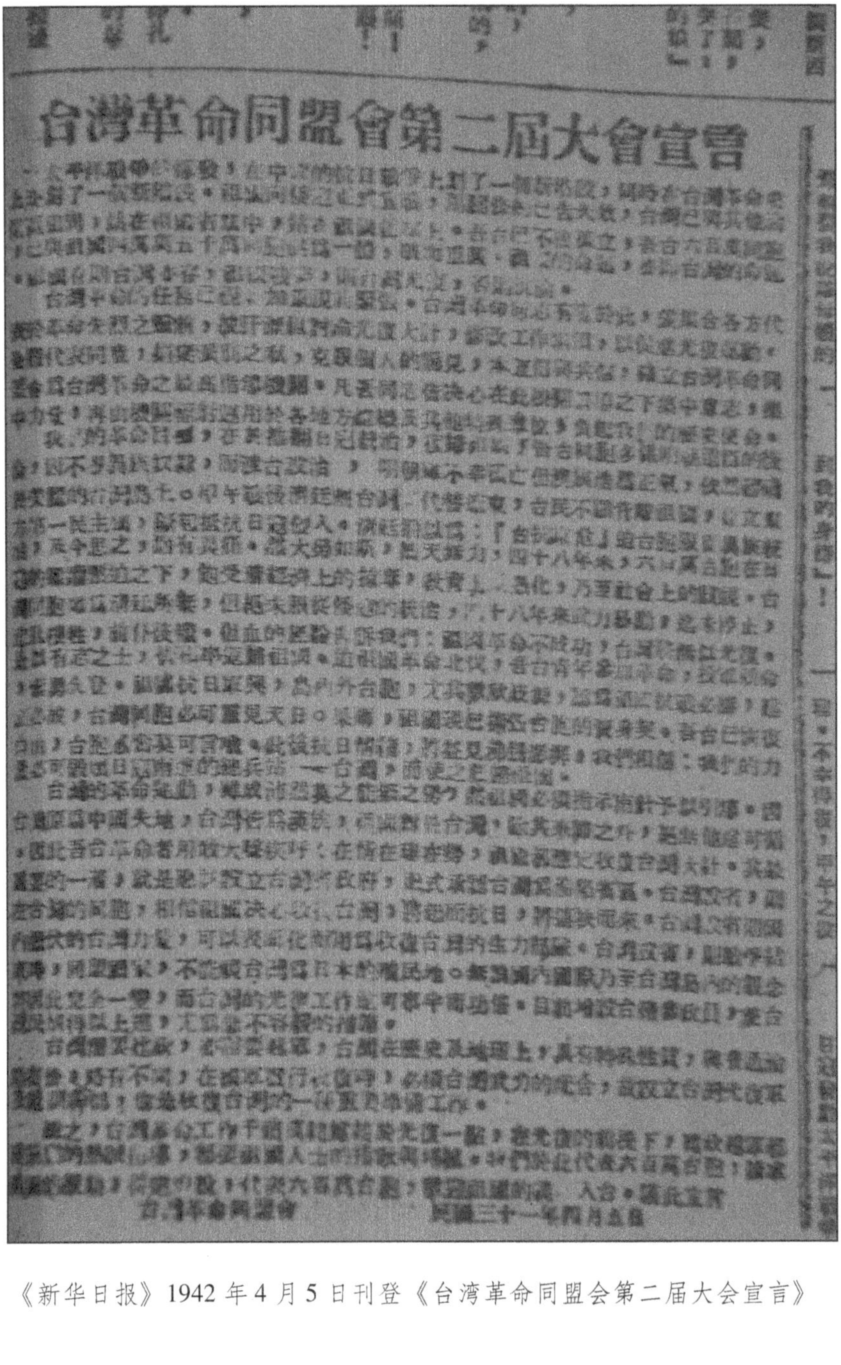

台灣革命同盟會第二屆大會宣言

《新华日报》1942 年 4 月 5 日刊登《台湾革命同盟会第二届大会宣言》

新華日報

德軍反撲受挫

巴倫支海沉德巨輪

台灣的慘狀與祖國的責任

揭破法西斯陰謀

納粹首領內鬨

在美京成立

組織親德政權

法境德駐軍司令

英機飛襲法北部

《新华日报》1942 年 4 月 17 日全文刊登宋斐如的文章：《台湾的惨状与祖国的责任》

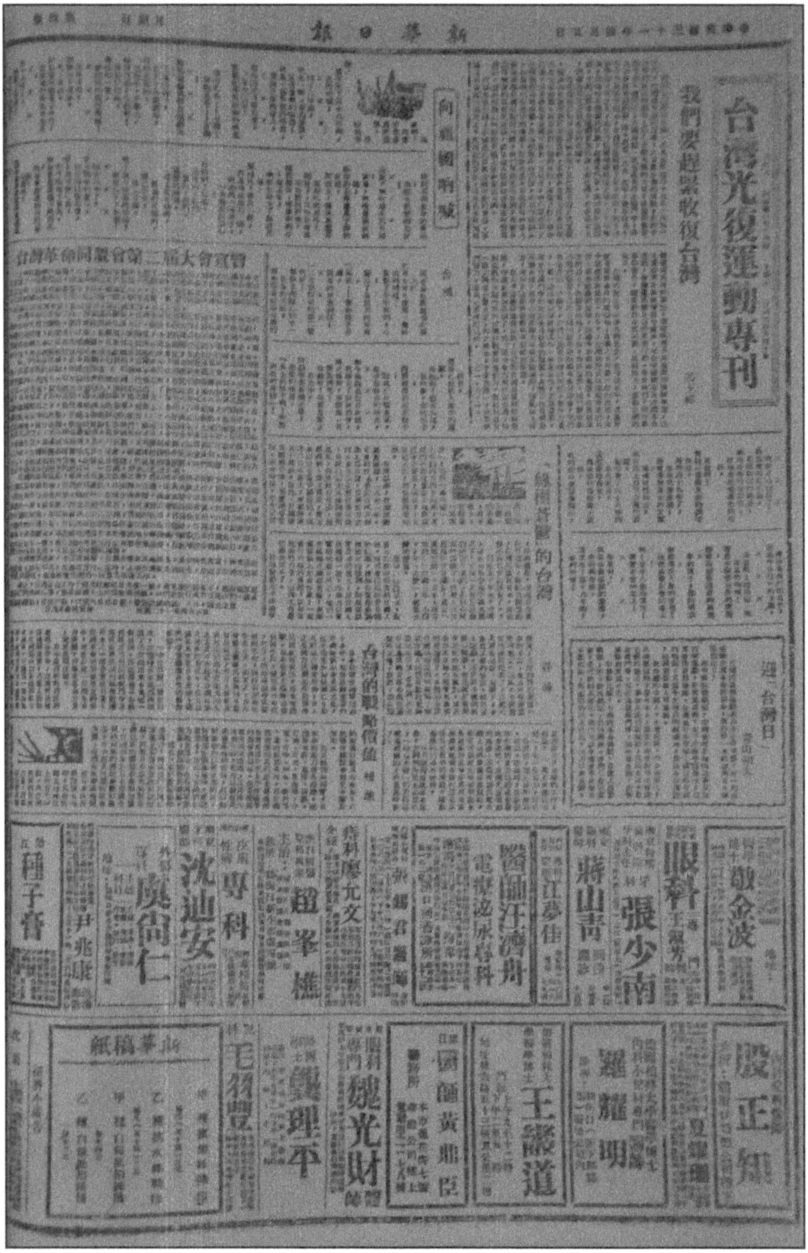
新華日報

台灣光復運動專刊

我們要趕緊收復台灣

向祖國吶喊

1942 年 4 月 5 日《新华日报》以整版的篇幅组织《台湾光复运动专刊》，支持台湾革命志士的抗日复台斗争

＊资料＊

（社论）

台湾，回到祖国来

台湾是中国的一部分。它有三万六千平方公里的面积，当江苏省全面积的三分之一强。在总人口五百五十四万余人中，我们的同胞，就占了五百万以上。一八八五年，划为我国行省之一，到了一八九五年，甲午战后，中日签订马关条约，第二款中规定“台湾全岛及所有附属各岛屿及澎湖列岛，永远让与日本”，这是日寇武装侵略和清廷辱国外交的恶果。从此我国的台湾，便沦为日寇的殖民地，而台湾的同胞，也成了日寇的奴隶，遭受最残暴的压迫。屈指算来，已经四十八年了。

然而，台湾人民决不甘为日寇的奴隶。他们反对日寇侵略的斗争，始终也没有停止。还在上月二日，我们纪念了台湾民主国的四十八周年。这是在古老的东方，第一次高扬抗日民主的大旗，回忆当时绅民迎刘永福继唐景崧任总统，刘氏坚辞不受，而慨允抗敌的坚决意志，实在令人难忘。当我们读到这位年近六十的老将，在告民众书中所说的：“自问年将六十，万死不辞，独不思苍生无罪，行将夏变为夷乎？嗟乎，积忿同深，自可挽回造化，厚德载福，谅能默转气机，愿合众志成城，执挺胜敌……”的语句，谁能不感动，谁能不景仰其气魄的伟大！那一句那一字，不是对我们抗战最洪亮的警钟？再读到他所说的：“惟军民共守，气味最贵相投，淮楚同仇，援助岂容稍异？本帮办（时刘氏任台南军务帮办）亦犹人也，无尺寸长，有忠义气，任劳任怨，无诈无虞。短愿人攻，将弁不妨面告；事如未洽，绅民急宜指陈，切莫以颇有嘘声，便为足恃，更莫因稍尊官制，遇事推崇。从此有济时艰，庶可稍慰众望”，更钦佩他的谦逊和民主精神。而他的气度，他的为人，对军民合作，团结互助为致胜之道的卓见，至今都应为我全国上下所崇敬。台湾的抗日战争虽然失败，却给我全民族开辟了解放的道路，显示了解放战争的雏形。自我国全面抗战以来，在祖国的台湾人民就积极的参加抗战。虽然人数不多，力量不大，他们却始终不懈的奋斗。而各革命团体，亦皆能团结一致，努力于光复运动。台湾人民知道，只有发扬刘永福的抗日民主的传统，只有加强团结，只有积极参加祖国的抗战，获得彻底的胜利，才能将日寇驱逐出台湾，回到祖国的怀抱，过着民主自由幸福的生活！

国外有少数不明历史发展，不顾实际情况，而抱有帝国主义思想的人们，曾经叫嚣一时，要将台湾从中国的母体割裂出来，高谈国际共管谬误措置，实不值识者一笑。而且，台湾的前途，有大西洋宪章为最高原则，台湾的命运，决之于中国的抗战，台人的努力和各国人们对民族自决的尊重和遵守，因此我们不必与持谬见者争辩不休，而应该用最大的力量来决定我们的命运。

台湾的同胞们，今天只有加紧团结，与祖国抗战的伟力汇合，积极的参加抗战，并尽一切方法，和在台湾的同胞团结，培养他们成为抗日的力量，起来斗争，才能粉碎一切谬论，重新回到祖国来。别离了祖国将近五十年的台湾，快踏着艰苦斗争的血路回来！

（社论）

台湾沦陷四十九年

台湾沦入敌寇手里，是在清廷与敌寇缔结辱国丧权的马关条约的时候，到现在已经四十九年了。五十岁以下的台湾同胞，可说从没有受到过祖国的温暖与热爱，这是一件多么沉痛和悲愤的事啊！

我们要知道，台湾同胞之离开祖国，绝不是他们舍弃了祖国，而是昏庸的满清政府，舍弃他们的。同时我们更要知道，决定割让台湾时，台湾的同胞莫不悲愤填胸，痛哭失声，并一致抱定决死的信念，捍卫台土。我们读到台民布告文“愿人人战死而失台，决不愿拱手而让台”之句，不惟铿然有声，好像这种悲壮激烈，忠贞不屈的历史事实，仍活生生的跃动在我们的眼前。

台湾虽然沦陷了四十九年，可是，台湾人民决没有屈服，从沦陷之日起，他们对日的抗争始终没有停止过。单就抗战的这几年来说，台湾同胞反日的事件就不断发生，而且有着若干可歌可泣的革命伟绩。例如：台湾工党领袖高斐所领导的矿工暴动，番人花冈一郎兄弟所领导的雾社番人大暴动，以及炸毁久留米储油池的大暴动等，都是令人兴奋而值得敬仰的。

敌寇掠夺台湾之后，就把台湾当作向南发展的踏脚石，在这三万六千方里的土地上，竟建筑了十多个航空基地，又在台湾与澎湖两地设置了大小四个以上的军港。足见敌寇对台湾的地位的重视。从盟军方面说，尼米兹将军和麦克阿瑟将军曾经预计：美国军力的箭头将指向菲律宾群岛，从而在南中国海沿岸登陆，以中国大陆为基地，对日进攻。因此，台湾对于盟军也是重要的。因为台湾和福建之间，仅隔一衣带水——台湾海峡，南越巴士海峡，恰与吕宋遥相对峙，如盟国军队到达了吕宋，这台湾正像一个进向南中国大陆的跳板。台湾人民为了自身的解放，早日回到中国的怀抱，一定要积极动员起来，努力进行抗日斗争，并在打击日寇的胜利中，协助盟军。

开罗会议既经正式决定把台湾归还中国，我们在祖国的人们，也正热烈地期待着台湾的同胞们能够尽快的粉碎敌寇加在他们颈项上的枷锁。而盟国对台湾人民，也有给以积极援助的责任。我国内上下，尤须给予切实的帮助，并应该有足以动员全台同胞的措置。比如，今天台湾阿里山中的游击队（由矿工暴动失败后，遁入山里组成的），就需要我们在物质和干部方面给以协助。他们的斗争，也需要我们多加宣传和鼓励。

因为交通的关系，我们对台湾的情形，知道得太少，因此，不要说给台湾的人民和斗争帮助，有不少的困难，以至于暂时不可能，就是把敌寇在台湾的罪恶统治和暴行，以及人民的抗日斗争，向祖国同胞去宣传，也感觉得困难。所以，归根结底，目前最切实而重要的，还是在国内的台胞，应该团结一致，参加祖国抗战，为台湾人民准备干部，同时，尽可能和台湾的人民取得联系，了解他们的情况，给他们以鼓励。

（社论）

论台湾解放运动

一部台湾近代史，实际是中华民族血泪史的一部分。台湾在明代灭亡之后，曾经是中华民族反抗外族侵略的最后根据地。自满清顺治十八年至康熙二十二年间，这个海岛寄托着多少孤臣孽子的一点希望，直到力竭途穷，才为逊清政府所占领。

然而一个外族政府毕竟不能保卫台湾。结果于一八九五年，台湾又转到日本帝国主义的手中去了，四十余年来台湾的解放运动，始终在台湾本族革命志士和革命党派的策动之下，努力进行。虽然由于革命力量的薄弱，由于日本军阀统治的残酷，由于中国援助的缺乏，台湾人民没有掀起大规模的起义。但是许多成群结队的英勇斗争，亦足以为近代民族解放运动增其光辉一页。我们于此，对于台湾革命人士及革命党派的努力，深致其敬佩之忱！

本来七七事变起后，中日马关条约在客观上就已失其作用，中国人民就应该积极援助台湾的革命。但是中国方面每每失之过迟，我们全国同胞都觉得惭愧。因为谁都知道：台湾人民大多数是中国人民，中国人民首先逃不掉援助台湾的责任。

我们认为：台湾与中国有一个共同的目标，就是打倒日本帝国主义，中国民族必须积极奋斗，不至中国与台湾完全解放不止，不至日本帝国主义压迫下的东方各民族一一解放不止，不至日本法西斯军阀本身完全崩溃不止。台湾地方不过三万五千余方公里，人口据一九三五年统计不过五百余万，要想单独对付强暴的日寇，不易得到胜利。以故，台湾解放不能不与整个中国民族解放，以及日本国内革命联在一起，目前更不能不与太平洋战争联在一起。这样看来，台湾解放前途并非无把握。自然，最后决定台湾革命的，仍须依靠台湾人民自己。至于我们，历来对于台湾革命人士及革命党派，采取支持态度。今后必须从政治上，更加予以支持。

再者，台湾的解放不仅是中国民族的解放，同时也必须是土著生熟番人的解放。台湾的生番与熟番，均属马来人种（据汪洋台湾视察报告书），来居斯土，远在华人前。其人口亦不下数十万。其居地多属险要之区。过去中国民族前进青年，每和他们联合一致，共同抗日。现在南太平洋各民族（包括马来民族在内），大半沦为日本强盗的奴隶。我们已开始与南太平各民族建立普遍的各民族的抗日统一战线。因此，如何建立中国民族与台湾土著民族的抗日统一战线，也是台湾解放运动的重要问题。

月前台湾革命同盟会在渝召开第二届临时代表大会，对台湾解放运动，有所推进，今日又举行一个台湾光复运动宣传大会，这都值得我们庆幸。自兹以后，我们必须与台湾人民紧紧的站在一起，决不让这些二十世纪的孤臣孽子，处在一个海岛中，苦斗无援。中国抗战的行列，已经有不少台湾革命人士参加，将来的胜利，必定是中国与台湾的共同胜利。

向祖国呐喊

台　魂

风啊！
我要请你澎湃的涛声，
带给我母亲，
这沉埋了四十八年的，
血的呐喊；
× × ×
四十八年前，
我是一个无忧的婴孩，
紧偎着你的胸膛；
我是一个无价的明珠，
紧握在你的掌上。
× × ×
那无限的温馨慈爱，
不敢怀想。
我只记得你频频的唤着：
我的乳名——台湾！
我的乳名——台湾！
× × ×

谁知道暴风雨忽来海上？
恶魔的利爪，
硬生生血滴滴地，
将我从你的，
怀抱中，手掌上，
割裂撕开。母亲啊！
你总该记得，
我哇的一声，
那临别的凄惨嘶喊！
×××
从那日起，
我便没了凭依，
失了靠傍，
在恶魔的鞭策下呻吟，
在恶魔的狞笑中生长。
×××
四十八年了，
残风！苦雨！
烈日！风霜！
我开不出生命的奇葩，
我只有悲惨的怨望，
×××
清晨，我咬着牙咒日出；
黄昏，我噙着泪送斜阳；

最怕的是那海风平静的夜晚，
头顶上，传来高丽哥哥的挣扎的哀吟，
脚底下，又有琉球弟弟的抑郁的悲唤，
这些声浪，嚼着我的心，
睡不安，
我只有睁大了眼睛西望，
蓦地见，青山一发，
那是我慈母的苍颜，
我哇的一声哭了；
“我亲爱的娘”！
母亲啊！你看：
这青的，红的，紫的，绿的，遍体的鳞伤，
这是铁蹄踏的，
这是针灸，
那是刀伤。
唉！岁月积累的怆痛！
历史写下了血帐！
×××
四十八年了，
昔日无忧的童心，
如今满载着悲愤，
昔日无价的明珠，
如今晦暗了宝光。
我也曾几度竭力的挣扎，

我也曾几度竭力的反抗，

母亲啊，
这不是泪痕挂在颊边?!
这不是血迹还留在颈上?!
七月七日，你那一声神圣的呐喊!
震动了全世界的人心，
惊眩了全世界的耳目，
尤其是我——你的孩子台湾，
欢喜的如患病狂!
×××
一二九你鲜明的第二声呐喊!
解除了那痛心的十一款条约马关，
那割裂我脱离母体的利刀，
那捆扎我陷入魔手的绳绑。
母亲啊！你可知道，
这时候，你的孩子，
肉体虽然仍拽在魔手，
灵魂已在嘘着气，
庆幸他自由的曙光。
×××
如今无论是白日夜晚，
我睁大了眼睛西望，
烽火熊熊，中原那一片美丽的光!

母亲啊！我看见你立在光中，
挥动你那招魂之幡，
慈声的唤着：
“失去的孩子啊！快回到我的身旁”！
×××
我欢喜得发狂了！
在恶魔的利爪里，
不顾利害的跳荡。
我用血与肉作证明，
暗地在扯他黑色的心肝。
母亲啊！你别以为你失去的孩子无望，
虽然四十八年了，
生命受着摧残；
但秉着你伟大的天赋，
灵魂依然无恙，
没有染上些儿恶魔的腥膻。
他白费了四十八年的奴化教养，
徒然养痈自患，
他强迫我为他着上武装，
我的枪口便竖着倒向，
准拟着商纣的自焚，
便是今日昭和的下场。
×××
母亲啊！听我这一声孺慕的呐喊！

请你伸开你慈爱的双腕，

请你敞开你温暖的胸膛，

你的孩子，你的明珠，

依然要投入你的怀抱！

依然要系在你的掌上！

啊！要投入你的怀抱！要系在你的掌上！

×××

海风啊！

我要请你澎湃的涛声，

带给我母亲，

这沉埋了四十八年的，

血的呐喊！

载《新华日报》1942年4月5日

“绿树苍郁”的台湾

春　涛

台湾是个“绿树苍郁”的美岛，在历史上，曾称为“塔伽沙”，也称“高山国”；人口约四百四十余万，天然的物产很丰富，地理位置亦很优良，所以十九世纪末叶，列强都很想染指。

有清以来，台湾原附属于福建，一八七一年，日本以台湾蕃民杀死日籍渔人为口实，竟兴征台之师，及日军征服台蕃以后，日政府派大久保利通到北京，向清政府交涉，几经谈判，成立协定，双方承认台蕃为中国臣民，琉球为日本领土，中国赔款五十万两。从此，台湾便与福建分离，另置总督管理。不幸得很，甲午之役，中国战败，李鸿章奉派赴日议和，缔结马关条约，台湾割让与日本，由此即不再为中国领有了。

将近五十年来，台湾在日本帝国主义高压下，并没有一天松懈过他们的复土运动，在民族解放的旗帜下，台湾人民所掀起的反日运动，真是“风起云涌”。日本人所常说的：“台湾三年一小变，五年一大变”，这就是铁的证据。

从中国抗战以来，饱尝日阀奴役痛苦的台湾人民，眼看着祖国同受日阀的蹂躏，深知非帮助祖国的抗战求得胜利，则无从以言台湾的复土，非台湾人民团结一致，即无力以言帮助抗战。所以，他们一面组织台湾义勇队，一面进行内部的团结，以加强抗战的力量；这些工作都已渐次完成了。

日寇发动太平洋战争以后，日阀的野心更进一步的暴露，东方所有被威胁与压迫的民族，亦更广泛的团结起来了，台湾的人民在这新的局势下，亦负担了新的任务，他的复土运动，不但与中国的抗战相关联，而且与远东所有民族的抗日运动，以及全世界反轴心战争更密切的相关联了。日阀不是以台湾为南进的桥梁吗？如果台湾人民能自动起来捣毁这座桥梁，在中国，在太平洋各处的日军必然有震惊而瓦解。自然，这是艰巨的而非旦夕可期的工作，但是“万丈高楼从地起”，有一分努力，即有一分成功，这是铁的原则。所以，在这时，重新倡导台湾的光复运动是有深的意义的。台湾光复运动的高涨，不但可以促起台湾人民的奋发以寒贼胆，而更可以坚定中国与远东各民族以及全世界民主集团国家抗战必胜的信念以促其更密切的团结。这就是胜利的基本条件。

只要紧握着这基本条件，台湾的解放是必然的，“绿树苍郁”的美岛终究是祖国的，而且是时候了。

载《新华日报》1941 年 4 月 5 日

新书简介

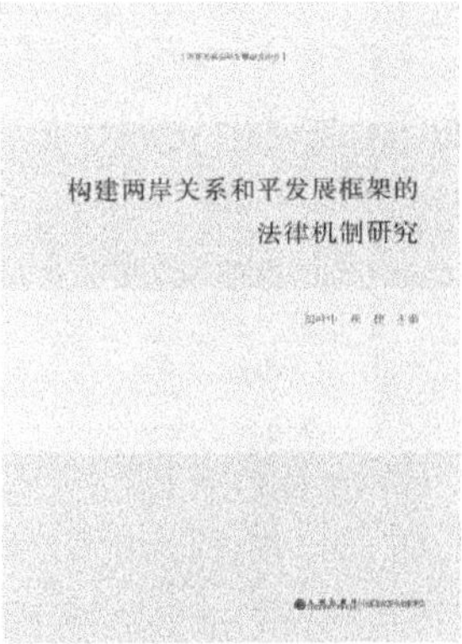

构建两岸关系和平发展框架的法律机制研究

本书以构建两岸和平发展框架的法律机制为研究对象，先从宏观方面论述宪法机制对于构建两岸和平发展框架的意义以及构建该框架的法律障碍和解决机制；进而从微观入手，论述构建行政合作机制及司法协调机制面临的困境。

周叶中　祝　捷　主编

定价：48.00元

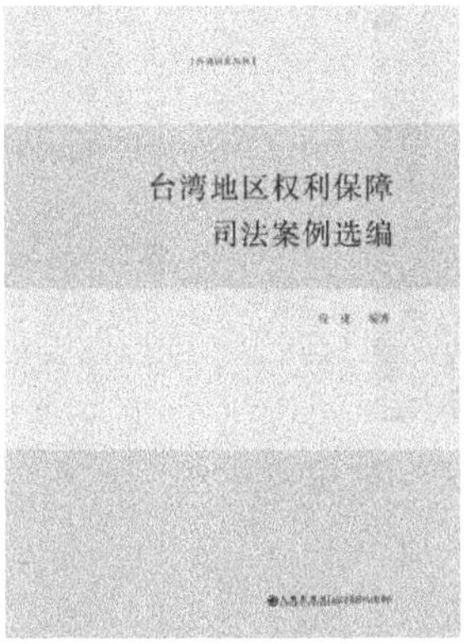

台湾地区权利保障司法案例选编

本书以台湾地区“宪政改革”后“大法官解释”为研究对象，分基本权利保障的总论和基本权利保障的分论两部分，对台湾地区法律制度进行介绍和分析，案例均与台湾地区人民的基本权利息息相关。

祝　捷　编著

定价：60.00元

依法行政与社会治理比较研究

本书共收录第十届海峡法学论坛精品论文50余篇，以“依法行政与社会治理”为主题，就现代中国社会治理模式创新、行政强制与行政处罚制度、行政诉讼及相关司法制度、行政决策与公众参与等问题，进行了深入研究。

张大共　主编

定价：98.00元

《海峡两岸法学研究》（第一辑）

本书为首届两岸和平发展法学论坛的论文集，大陆学者论文和台湾学者论文分别以简体字和繁体字排版，各自分为法治理论、民事法治和刑事法治三部分，既有两岸法治发展的理论分析，也有契合当下两岸事务和经贸往来的具体问题的讨论。

海峡两岸关系法学研究会　编

定价：78.00元

“九二共识”文集

本书汇集1992至2012年11月底两岸有关“九二共识”的存证资料，包括亲历香港会谈前后两会磋商和达成“九二共识”过程的权威人士的回忆；重要文件和新闻报道；两岸的权威宣示和阐述；海内外专家学者的研究成果和评论等。

许世铨　杨开煌　主编

定价：49.90元

潮起潮落

本书以纪实性的手法，全面展示了海协会、海基会机制的产生背景和两会成立以来的折冲与共处历史，深入挖掘了台湾各界对两岸关系的复杂反思与抉择过程，揭示了两岸筋骨相连的血脉联系和命运共同体关系。

郑　剑　著

定价：98.00元